북막일기

북막 北幕日記 일기

북평사 박래겸이 남긴 254일간의 기록

박래겸 지음 ㅣ **조남권·박동욱** 옮김

글항아리

북평사北評事는 조선시대의 정6품 무관 벼슬이다. 외관직外官職으로서, 영안도(함경도)와 평안도에 각 한 명씩 총 두 명을 파견했고 병마절도사 밑에 있었다. 원래 이름은 병마평사兵馬評事이고 줄여서 북평사, 평사라고도 불렀다. 북평사는 우후와 함께 각 도의 주장인 절도사의 막료로서 업무를 보좌했다.

주된 일은 문부文簿를 관장하고 군자軍資와 고과 및 개시開市 등을 주관하는 것이었다. 또한 도내 순행과 군사훈련, 무기 제작과 정비, 군사들의 군장 점검, 군사 시설 수축 등의 임무를 대신했으며 병마절도사에게 사정이 있을 때 그 임무를 대행했는데, 기간은 통상 2년이었다. 외직을 맡았기에 어느 정도 자유로움도 주어졌지만 물설고 낯선 풍속과 지독한 추위는 고난을 안겨줬을 것이다.

박래겸의 본관은 밀양, 자는 공익公益, 호는 만오晩悟·탑서塔西다. 1822년 암행어사에, 1827년 함경도 북평사에 제수되었다. 1837년부터 1840년까지 여러 관직을 제수받았으나 신병을 핑계로 사직했다. 행장이

나 묘갈이 남아 있지 않아 자세한 행적은 알려져 있지 않다. 저서로는 『탑서유고초塔西遺稿抄』 『만오유고晚悟遺稿』 등이 있다.

박래겸은 북평사의 체험을 통해 이 책 『북막일기』를 남겼다. 1827년 7월 14일 북평사에 제수된 때부터 1828년 4월 2일 도성의 자택에 도착할 때까지의 기록을 담은 것으로, 총 254일 동안 다녔고 이동 거리는 6070리였다. 그의 다른 기록과 마찬가지로 모든 내용이 날짜별로 정리되어 있어서 이동 경로, 소요 시간, 일정 등을 구체적으로 그려볼 수 있다.

이 일기에는 북평사 고유의 업무들이 낱낱이 기록되어 있다. 여러 과거시험과 백일장에 주최, 출제, 채점 등 전방위적으로 참여한 행적이 담겨 있다. 뿐만 아니라 과거시험 문제까지 상세하게 제시해두어 지방에서 치르는 과거의 전모를 들여다볼 수 있다. 여러 시험이 정례적으로 열리긴 했지만 서북 지역은 지역적 한계 때문인지 과거가 때로 초라하기 짝이 없었다. 합격하더라도 변변찮은 자리 하나 보장되지 않았기에 쓸쓸한 자기만족에 불과했다.

북평사는 무관들에게 무예를 시험하거나 포상하기도 했다. 친기위親騎衛의 무술 실력은 나무랄 데 없었지만 진영의 방어 상태는 미흡하고 허술했다. 그런 까닭에 일기는 군기 빠진 군사나 허술한 국경 수비에 대해서 여러 차례 지적하고 있다. 호란胡亂을 겪었으면서도 국경의 방어 상태는 크게 개선되지 않았던 것이다. 일기에서는 또 쉽게 찾아볼 수 없는 순찰사와 병마절도사를 배알하는 의식, 관리들 상호 간의 알력, 군예軍禮의 실제 모습도 확인할 수 있다.

대청對淸 무역의 상황도 자세히 묘사되어 있다. 공시公市, 사시私市, 마시馬市 등을 직접 개장하기도 했던 박래겸은 구체적인 일시와 물품도 적시해두어 당시의 개시 현황의 일단을 파악할 수 있다.

이러한 공적인 업무뿐만 아니라 함경도의 풍속과 풍토 또한 세밀히 그려내고 있다. 함경도의 명승지 등을 탐방하고 소회를 남겼는데, 대표적으로 종성 인근의 장연호長淵湖, 함흥의 운전사雲田社와 지락정至樂亭, 영흥의 쌍락정雙樂亭, 원산의 석왕사釋王寺, 칠보산, 마천령, 함관령 등을 꼽을 수 있다. 그중 가장 인상적인 장소는 역시 백두산이다. 주변 사람들이 다섯 가지 어려움五難을 들어 강력히 만류했지만 박래겸은 6박 7일의 강행군으로 백두산 등정에 성공한다. 백두산에 대한 기록은 한 편의 유기游記로도 손색없을 만큼 흥미롭다.

국경과 가까운 함경도는 오히려 이국적인 풍속이

짙다. 여러모로 쓰이는 우거牛車의 모습도 그중 하나다. 운송 수단이 마땅찮아 곡식이며 땔감, 심지어는 혼인하러 오갈 때 사용하기도 했다. 특히 오랑캐의 풍속과 유사한 부분들이 눈길을 사로잡는다. 지붕을 모두 흙으로 덮어 만든 모습은 서울의 풍경과는 크게 달랐다.

낯선 지방에서 이뤄지는 낯선 사람과의 만남만큼 인상적인 일도 없으리라. 그는 공적이든 사적이든 만났던 모든 사람에 대해 기록으로 남겼다. 학행學行으로 이름난 강상국과 남대임은 모두 병을 핑계로 대면하기를 거부했으나 적극적인 시도 끝에 만날 수 있었다. 임종칠 역시 만남을 꺼리다가 간신히 보게 되었는데, 아마도 당시 북평사에 대해 사회적 인식이 낮았던 게 원인이었던 듯하다.

여러 차례 등장하는 기녀들과의 만남도 빠뜨릴 수 없다. 박래겸이 쓴 또 다른 일기인 『서수일기』에서는 기생들과의 동침 장면이 두 번이나 등장한다. 『북막일기』에는 그런 장면이 노골적으로 나오진 않지만, 담당 관기官妓와 정이 담뿍 들어 눈물 바람으로 이별하는 내용이 보인다. 기녀와의 로맨스는 외직의 특성상 반드시 등장하는 장면이다.

아직도 서북 지역에 대해서는 많은 부분이 미답의

경지로 남아 있다. 앞으로 있을 통일 시대를 대비하기 위해서라도 이 지역에 대한 관심을 소홀히 해서는 안 될 것이다. 그런 관점에서 보면 『북막일기』는 연구자는 물론 대중 또한 흥미롭게 읽을 수 있는 자료다. 이 작업을 끝으로 박래겸의 일기 3종에 대한 번역을 모두 마무리했다.

이번 책은 일평一平 조남권 선생님과 함께 번역한 아홉 번째 책이다. 선생께서는 이제 구순을 앞두고 계신다. 노년은 누구에게나 닥칠 일이지만 직접 경험하기 전에는 가늠하기 어려운 점이 많다. 선생님을 곁에서 모시면서 한 자연인의 노쇠함을 목격하고 있다. 처음 뵈었을 때 선생님의 음성은 흡사 달라이 라마의 그것처럼 쩌렁쩌렁 울리고 날카로웠다. 경서를 성독聲讀하시는 소리를 들을 때마다 마음이 편안해지고, 때로는 울컥할 정도로 감동받곤 했다. 또 걸음은 어찌나 빠르시던지 축지법을 쓰시는 것처럼 사뿐사뿐 언제나 저만치 앞서가셨다. 이제 목소리의 힘도 예전만 못하시고 걸음 또한 느려지신 지 오래다. 그러나 모든 감정을 뛰어넘은 정신적 경지는 마치 고목처럼 나날이 단단해지고 있다는 느낌이 든다. 선생님처럼만 나이 들 수 있다면 늙는다는 것도 반드시 불안하거나 두려운 일은 아닐 듯싶다.

갈수록 학문에 대한 의지가 두터워짐을 느낀다. 예전에 학위과정에 있을 때 지도 교수님은 늘 내게 "논문 하나를 다 쓰고 난 다음에 무엇을 써야 하나 모를 정도라면 제대로 공부를 하고 있는 게 아니다. 어느 것을 먼저 쓸까 고민할 정도가 돼야 제대로 된 공부다"라고 충고해주셨다. 세월이 한참 흐른 지금에서야 그 말을 조금씩 이해하고 있다. 세상에는 공부거리가 널려 있어 연구자들의 손을 기다리고 있다. 언제든 내가 원하는 것을 골라 마음껏 연구할 수 있는 이 행복한 공부를 오래도록 하고 싶다. 열심히는 했지만 오류가 없지 않을 것이다. 대방의 질정을 바란다.

2016년 2월
박동욱 쓰다

七月

7月 14日

관직을 받다

북평사北評事[1]에 제수되었다.

7月 18日

임금에게 절하다

사은숙배하였다.

7月 25日

일을 그만두면서

상감께 하직 인사를 올렸다.

7月 26日

수행하는 이들과 길을 떠나다

길을 떠났다. 수행하는 이들은 군관軍官으로 낭청郎廳[2] 홍첨洪橎과 최태운崔台運, 청지기[3] 이명창李命昌, 하인[4] 백계철白季喆, 옥서玉署[5]의 아전 홍경현洪敬顯이었다. 문천文川의 통인通引[6] 최진옥崔晉玉은 홍성선洪聖善이 문읍文邑

1
조선시대에 함경도에 있는 북병영에 딸린 정6품 문관.

2
조선시대에 당하관堂下官을 달리 이르던 말.

3
겸인傔人이라고 한다. 겸傔은 겸종傔從으로 하인이란 뜻이니, 속칭 청지기다.

4
별배別陪라 하며, 벼슬아치의 집에서 사사로이 부리던 하인이다.

5
홍문관弘文館의 다른 이름.

6
조선시대 지방 관서에 소속된 이속吏屬. 수령의 신변에서 호소呼召·사환使喚에 응하던 구실아치다. 지방 관서와는 달리 중앙에 배속되어 이런 업무를 맡은 이들을 청지기廳直라 하였다.

「도봉서원도」, 비단에 엷은색, 28.7×29.5cm, 18세기, 건국대박물관. 박래겸이 젊었을 적 공부하던 곳으로, 임무를 띠고 출발하는 길에 이곳을 둘러보았다.

에서 그만두고 돌아갈 때 데려와서 남겨두었다가 이제 막 돌려보내게 되었다. 그런데 나에게 데려가달라고 청하여 따라가게 하였다.

동문 밖에 도착해서 전송하는 사람들과 작별하고, 아들과 조카 세 사람만 뒤따르게 하였다. 길을 돌아서 도봉서원道峯書院[7]으로 들어갔으니 옛날 내가 젊었을 때에 글을 읽던 곳이다. 그런데 이제야 다시 오게 되니 백성이나 산수山水는 모두 옛날 모습과 달라져 있었다. 잠시 소광정昭曠亭[8]에서 쉬면서 술 한잔을 마신 뒤 정자에서 내려왔다. 저물녘이 되어서야 누원樓院[9]에 유숙하였으니 이날에는 30리를 다녔다.

7月 27日

아들 및 조카들과 헤어지다

비가 부슬부슬 내려서 온종일 그치지 않았다. 아침에 아들과 조카들이 하직하고 돌아갔으니 몇 년 동안 여러 번 수천 리나 멀리 이별하는 마음이 좋지 않았다. 빗속에 길을 떠나 금곡金谷의 이괴산李槐山 어른을 지나다가 찾아뵈었다. 포천의 송우점松隅店[10]에서 점심을 먹었다. 저녁에는 영평永平[11]의 양문점粱文店에 도착

7

1573년 조광조의 학문과 덕행을 추모하기 위해 창건하여 위패를 봉안했다. 창건 때 '도봉道峯'이라는 사액을 받았고, 1696년에는 송시열을 배향하였다. 이어 선현의 배향과 교육에 힘쓰다가 1871년 흥선대원군의 서원 철폐령으로 혈렸고 위패는 땅에 묻었다. 1903년에 단이 설치되어 향사를 봉행해오다가 6·25전쟁으로 중단되었으며, 1972년 도봉서원 재건위원회에 의해 복원되었다. 2012년에는 원래대로 복원하려고 다시 혈렸다. 도봉서원과 관련된 기록으로는 이정구李廷龜(1564~1635)의 「도봉서원기道峯書院記」, 이식李植(1584~1647)의 「제도봉서원題道峯書院」 등을 들 수 있다.

8

이와 관련된 글로는 권상하權尙夏(1641~1721)의 「소광정기昭曠亭記」가 있다.

9

도봉산 동쪽 기슭의 도봉산역 맞은편에 서울에서 의정부로 향하는 국도 왼편으로 다락원이라는 자연 부락이 있는데, 이곳이 바로 조선시대의 누원점樓

院店이 자리했던 곳이다. 이곳 누원은 서울 동북쪽의 교통로의 요충지로 남쪽의 노원역蘆原驛과 연결되는 곳이었다. 조선 후기에 이르러 상업의 발달에 따라 사상도고私商都賈들이 모여들면서 점차 커다란 장시를 이루어 상업의 중심지가 되었다. 특히 누원점은 원산, 철원과 인근의 송우점, 송파점 및 서울의 이현 칠패 경강 상인들과 연결되어 도성의 경제생활에 커다란 영향을 끼쳤다.

10
광주의 송파, 양주의 누원점, 퇴계원점退溪院店, 포천의 송우점 등은 서울 근교에 새로 등장한 금난전율禁亂廛律이 적용되지 않는 상업의 거점이었다.

11
경기도 포천 영중면의 옛 이름.

12
임금이 사냥을 나가거나 친히 능陵·묘廟를 보살피러 갈 때 궁 안에서 차려 가져갔던 음식.

「화적연」, 『해악전신첩』, 정선, 비단에 엷은색, 25.0×32.2cm, 1747, 간송미술관.

해서 이상공李相公의 궤연几筵에 찾아가 곡하였다. 이상공의 옛날 집은 황량하고 쑥대가 뒤덮였으니 청렴하고 검소한 덕을 볼 수 있었다. 이 고을의 수령 이능수李能秀가 내찬內饌[12]을 챙겨 보내면서 피치 못할 일이 있어 직접 찾아와 볼 수는 없다고 했다. 이날에는 100리를 다녔다.

7月 28日

화적연의 장대한 광경

길을 떠나서 화적연禾積淵을 지나다 찾았으니 옛날 내가 젊었을 때에 한번 유람했던 곳이다. 그런데 비가 온 뒤 물이 넘쳐서 냇물 소리가 더욱 세찼고 돌빛이

더욱 희었으니 아주 장관이었다. 풍전역豐田驛[13]에서 점심을 먹고 저녁에 김화현金化縣에 도착해 빈 관청에 머물러 잤다. 이날에는 90리를 다녔다.

7月 29日

충렬사에 참배하다

충렬사忠烈祠에 가서 참배하였다. 이곳은 충렬공忠烈公 홍명구洪命耉[14]가 순절한 곳으로 관아 뒤편에 있었다. 길을 떠나서 피금정披襟亭에서 잠시 쉬고, 금성현金城縣[15]에서 점심을 먹었는데 또한 빈 관사였다. 옛날에 이곳을 지날 때 경양루景陽樓에 올랐는데, 긴 숲과 큰 시내며, 가까이에 있는 들판과 먼 데 있는 산봉우리가 마음에 아주 쏙 들었었다. 그런데 지금에 와서는 이미 폐허가 되었으니 흥망의 빠름이 이와 같은 것인가. 저녁에 창도역昌道驛[16]에 도착해서 잤다. 이날에는 80리를 다녔다.

7月 30日

회양부에 도착하다

13
강원도 철원 갈말읍 군탄리.

14
1596~1637. 조선 중기의 문신. 본관은 남양南陽, 자는 원로元老, 호는 나재懶齋. 병자호란이 일어나자 자모산성慈母山城을 지키다가, 적병이 이미 평양을 지났고 남한산성이 포위되었다는 소식을 듣고는 근왕병勤王兵 2000명을 거느리고 추격하여 남하南下, 김화金化에 이르러 적의 대병을 만났으나, 죽을 것을 알면서도 동요하지 않고 싸워 적 수백명을 살상한 끝에 전사하였다. 이에 선봉 유림柳琳과 이일원李一元이 힘껏 싸워 적을 물리치니, 병자호란 때 적을 이긴 싸움은 이 전투와 김준룡金俊龍의 광교光敎 전투뿐이었다. 이조 판서에 추증되었다. 1650년 김화 고을 사람들이 순절한 터에 충렬사를 세웠고, 1652년 의열義烈이라 사액되었다.

15
강원도 김화군 금성면.

16
광복 이전 강원도 김화군 창도리로 옛 역이 있었다.

「피금정」.
강세황, 비단에 먹,
126.7×69.4cm, 1789,
국립중앙박물관.
강원도 김화로 가는 길에
이곳에서 잠시 쉬어갔다.

길을 떠났다. 이곳 이후로는 처음 가보는 곳이다. 20리를 가자 산이 갑자기 끊기고 좁은 길이 갑자기 다 없어졌는데 아래를 쳐다보니 끝이 없었다. 어깨로 메는 가마肩輿가 비탈길을 따라 가는데 구불구불해서 한참을 가야지만 아래에 이르게 되었다. 아래에는 큰 냇물이 가로놓인 게 있었으므로 배를 타고 맞은편 기슭으로 건너서는 또 가마를 타고 올라가야 한다. 좁은 길이 매우 위험했지만, 양쪽 언덕은 매우 완만하였다. 겨우 산 정상에 오르니 또 곧 평지였다. 이 땅은 세간에서 '보리비탈'[17]이라 부르는 곳이다. 무심코 당도해서는 갑작스레 낭떠러지를 보게 되므로 와전되어 보리비탈로 부르는 것인데, 한자로는 맥판麥坂[18]이라 바꾸어 일컫는다. 또 이름을 영송포迎送浦라 하는데, 대개 금성金城과 회양淮陽이 인접한 곳이어서 사성使星[19]들을 마중하거나 배웅할 때는 반드시 이곳에서 하기 때문이다. 그런데 와전되어서 연송포蓮松浦라 한다. 두 이름이 모두 잘못 전해진 것이니 가소롭다.

신안역新案驛[20]에서 점심을 먹고 저녁에 회양부에 도착해서 잤는데 또 빈 관사였다. 계곡에 있는 관원들의 거처가 제법 깨끗하고 말쑥해 보였다. 그러나 마을은 적막하고 이속과 하인은 변변찮으며 피로해 보여 급장유汲長孺[21]라도 박정하게 여길 만하였다.[22] 이날에

17
풀어 쓰자면 '보리라 비탈'이라는 의미다.

18
금강산을 내려와 회현과 만나는 곳의 지명.

19
임금의 명령으로 지방에 심부름 가던 관원.

20
강원도 회양 회양면 신안중리.

21
장유는 한대漢代의 간신인 급암汲黯의 자. 복양濮陽 사람으로, 경제景帝 때 태자세마太子洗馬가 되고 무제武帝 때 동해東海의 태수를 거쳐 구경九卿의 반열에 올랐다. 성정性情이 매우 엄격해 직간을 잘하여 무제로부터 옛날의 사직신社稷臣에 가깝다는 평을 들었다.

22
우리나라 회양과 이름이 같은 중국 회양에서 선정을 베푼 태수인 급장유의 일을 가리킨다. 누워서 고을을 다스릴 정도라는 와치회양臥治淮陽이란 고사로 유명하다.

는 70리를 다녔다. 이 고을 수령이 집으로 보내는 인편에 첫 번째 편지를 부쳤다.

八月

8月 1日

산세 험한 철령에 오르다

망궐례[1]를 행하고 길을 떠났다. 5리쯤 가니 절벽이
큰 냇물을 내려다보고 있었다. 냇물 위에 있는 자그마
한 정자는 편액을 읍한정挹漢亭이라 했다. 조금 쉬고서
배로 40리쯤을 건너가서는 철령鐵嶺에 오르게 되었다.
철령의 산세가 아주 높으며, 산길은 매우 위험했다. 시
내를 따라 벼랑을 부여잡고 숨을 헐떡이며 올라갔다.
겨우 고개에 오르니 곧 관동關東과 관북關北이 인접한
곳이었고 안변安邊의 처음 경계였다. 산천의 정경이 너
무나도 달라 보였다. 영평永平에서 협곡을 지나 300리
를 가서는 처음으로 이 고개를 오르게 되었다. 고개
에 올라가서 남쪽을 바라보면 첩첩산중이라 시야가
막혀서 눈 뜨고 바라볼 만한 것이 없었다. 한번 북쪽
을 바라보자 큰 들판이 앞에 펼쳐지고 여러 산이 늘
어서 있어서, 곧 별천지를 이루었다. 고개에서 내려와
고산역高山驛[2]의 말로 바꿔 타고 여기서 점심을 먹었다.
밤에는 남산역南山驛[3]에서 잤다. 석왕사釋王寺[4]가 10리
가까운 지점에 있다고 들었는데, 해가 저물어서 두루
구경할 수는 없었다. 이날에는 110리를 다녔다.

1
음력 초하루와 보름에 각
지방의 원이 궐패闕牌에
절하던 의식이다.

2
함경남도 안변군 신고산면
고산리, 현재 강원도 고산
군 구읍리.

3
함경남도 안변군 석왕사면
금리, 현재 강원도 고산군
금리.

4
삼십일 본산本山의 하나.
안변군 설봉산에 있는 절.
일제강점기에 태조가 임금
이 되기 전 무학대사의 해
몽을 듣고, 무학대사가 살
던 자리에 지은 절. 선교禪
教 양종의 본산이 되었다.

「함경도」, 「여지도」,
37.4×30.0cm, 18세기 후반,
국립중앙도서관.

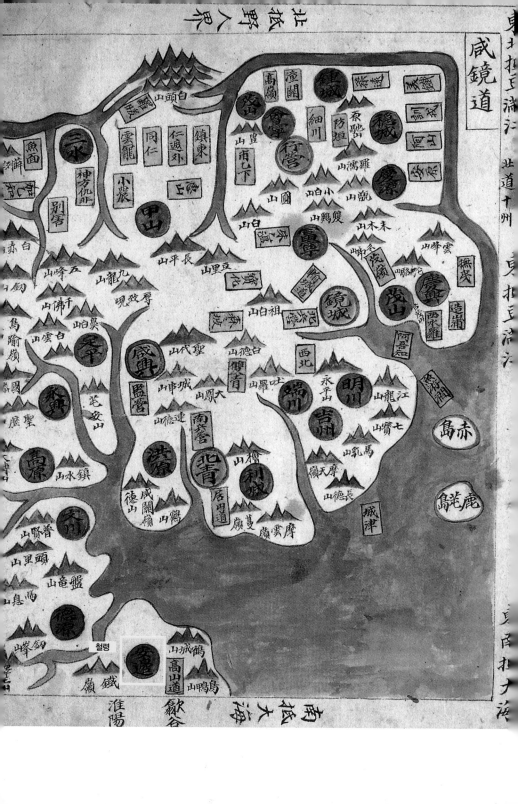

8月 2日

노래 잘하는
기녀의 소리를 듣다

원산元山을 지났는데, 이곳은 바닷가의 큰 도회지였다. 여염집이 즐비하고 돛배들이 모여 있는 것이 충청도 강경포江鏡浦[5]와 엇비슷했으나 거의 그보다도 나았다. 덕원부德源府에서 점심을 먹었는데 이 고을의 수령

5
충청남도 논산 강경읍 황산리에 있는 포구다. 강경 포구는 조선 말기 강경장을 배경으로 크게 번성했다. 금강뿐 아니라 내륙으로 통하는 논산천, 강경천, 염천 등과도 이어지는 교통의 요지였다. 이곳 지형은 화강암층이 발달해 홍수 때 물이 불어나더라도 침식되지 않아 선박을 정박할 수 있었다. 금강 유역에서 생산되는 농산물

을 전국적으로 유통시키
는 중심지였으며, 전국 각
지의 상품이 이곳에 유입
돼 금강 주변 지역으로 분
배하는 역할도 담당했다.

오치경吳致慶이 나와서 만나보았다. 고을의 터가 아름
답고 들판이 널찍하였으며, 큰 바다로 둘러져 있었으
니, 참으로 살 만한 곳이었다. 다만 근래에 있었던 수
재水災 때문에 그해 농사가 큰 흉년을 면치 못하겠다
고 하였다. 여기서부터는 고을 수령의 좌거坐車를 빌려
타고 돌아갈 때 돌려주겠다고 약속했다. 너른 길에 잘
달리는 말은 나는 듯이 빨랐으니 꽤나 상쾌했다. 저녁
에 문천읍文川邑에서 잤는데 또한 빈 관사였다. 가난하

원산 전경.
천혜의 양항良港으로,
항만에 떠 있는
선박들이 보인다.

고 작은 고을이라 볼 만한 것이 없었으나 기녀 몇 명
은 꽤나 노래를 잘하였으므로 그 덕분에 밤 시간을
때울 수 있었다. 옛날에 내 증조부께서 이 고을에 유
배되어 사신 지 이미 80년이나 흘러 지난 일을 물을
만한 곳이 없었다. 숙릉淑陵[6]의 능참봉인 황회영黃晦瑛[7]
이 찾아와서 만났다. 이날에는 90리를 다녔다.

8月 3日

영흥부에서 만난 친구

아침에 비가 내리다가 저녁에 그쳤다. 일찍 출발했
는데 최진각崔晋珏은 남겨두었다. 빗속에 고원군高原郡[8]
으로 들어갔는데 또한 가난하고 작은 고을이라 볼 만
한 것이 없었다. 고을 수령인 유상진柳相晋이 나와서 만
나보았다. 저문 뒤에야 빗줄기가 잠시 그쳤으므로 영
흥부永興府에 말을 달려 들어갔다. 길에서 숙릉을 바
라보다가 본궁本宮[9]과 준원전濬源殿[10]에 들어가려 했으
나, 비가 오고 날도 저물어 들어갈 수는 없었다. 처음
에 생각하기는 영흥이 곧 커다란 고을일 것이라 여겼
으나 영흥부에 들어갈 때에는 밤중이라 좋은 경치를
살펴볼 수 없었다. 고을 수령인 서상록徐相祿[11]이 나와
서 보고 기쁘게 접대해주었다. 열흘 가까이 집을 떠

「함흥본궁」,
조중묵, 비단에 색,
131.5×71.5cm, 19세기,
국립중앙박물관.

낳는데 처음으로 아는 친구를 만났으니 서로 간에 기쁨을 말로 다 표현할 수 없었다. 밤에 앉아서 담소를 나누다가 닭이 운 뒤에야 잠자리에 들었다. 이날에는 100리를 다녔다.

11
생몰년 미상. 본관은 대구.
자는 백수伯綏. 1817년
별시에 합격했다.

준원전에 봉안되어 있는
태조 어진, 1913년경 촬영,
유리건판 필름,
국립중앙박물관.

8月 4日

쌍락정에서 즐긴 하루

하루 종일 비가 크게 퍼부어서 출발할 수 없었다. 주인이 술과 안주를 차려 내고 기생의 풍류를 베풀어서 나그네의 마음을 위로해주었다. 아문 뒤에는 쌍락정雙樂亭이라는 조그마한 정자가 있었다. 지형이 높게 솟아 있고, 큰 강이 그 뒤에 둘러져 있었다. 마을은 그

앞에 벌여 있고, 들판과 먼 산봉우리가 사면으로 펼쳐져 있었으니 또한 경치가 좋은 곳이었으나, 바람이 심하게 불어서 오래 앉아 있을 수는 없었다. 밤에 잠을 푹 잤다.

8月 5日

빗속에 향한 정평부

고을 수령의 집안 인편에 두 번째 편지를 부쳤다. 빗줄기가 잠시 그쳐서 오래 머무를 수 없었다. 빗속에 길을 떠나서 용흥강龍興江[12] 가에 이르니 물이 넘쳐 배가 빨라져 어렵게 양쪽 언덕을 건넜다. 박순朴淳[13]의 용강사龍江祠가 길 왼편에 있었는데 비가 내리는 까닭에 지나다 참배할 수는 없었다. 진흙이 무릎까지 빠져서 열 번 엎어지고 아홉 번 자빠졌다. 가까스로 금파원金波院에 도착해서 점심을 먹었다. 그러나 비가 멈추지 않으므로 또 빗속에 길을 떠났다. 배를 타고 초원역草原驛을 건너니 앞 시내는 또한 험한 나루터였다. 그 역은 곧 고산찰방高山察訪의 우관郵館이었다. 길에서 옛날의 북곤北閫[14]이었던 정내승鄭來升을 만나 말을 세워놓고 잠시 이야기를 나눈 뒤 말을 달려서 정평부定平府에 들어갔다. 정평부는 산수가 아름다웠으며, 고을의

12
함경남도 동부를 흐르는 강. 낭림산맥에서 시작해 영흥만으로 흘러든다. 길이는 135킬로미터다.

13
1523~1589. 조선 선조 때의 재상. 자는 화숙和叔, 호는 사암思菴, 시호는 문충文忠. 서경덕에게 글을 배웠다. 1553년 정시에 장원급제한 뒤 1572년에 우의정이 되고 1579년에 영의정이 되었다. 서인으로, 동서 분당이 심각해지자 영평 백운산에 은거하였다. 저서에 『사암집思菴集』이 있다.

터가 평온하였다. 관부官府도 마음에 들었으나, 텅 빈 관청이었으니 매우 쓸쓸하였다. 여기서 유숙했으니 이날에는 80리를 다녔다.

8月 6日

만세교와
낙민루를 보다

비가 그치자 출발하였다. 만세교萬歲橋[15]에 도착했다. 그런데 수리 중이어서 갈 수는 없었다. 이에 배로 건너 강가에 올라 지나다가 낙민루樂民樓[16]에 올라갔으니 산천이 아름다우며 들판이 널찍해, 먼 산등성이가 펼쳐져 있는 것과 마을들이 땅에 줄지어 있는 것이나, 평지에 숲이 둘러싸여 있는 것과 누관樓觀이 크고 넓은 것이며, 성첩이 높직한 것들이 평양과는 막상막하가 될 만하였다. 서로 장단점이 있기는 하나, 어느 곳이 더 좋은지는 정할 수 없었다. 다리 길이가 3리쯤 되며, 너비가 거의 세 칸이나 되는데 흙을 써서 만들지 않고, 순전히 횡목橫木만 사용해서 깎아 완성하였으니 마땅히 우리나라에서는 첫째가는 교량이라 할 것이다. 최근에 장맛비 때문에 냇물이 넓게 불어나 한강이나 패수보다 못하지는 않았다. 그러나 깊이는 배

14
조선시대 함경도의 병마절도사·수군절도사를 이르는 말이었다.

15
함흥시 서쪽에서 함흥평야를 관류하는 성천강을 가로질러 가설된 교량. 반룡산 낙민루 아래에 있는 이 다리는 함흥 명승의 하나로 조선 역대 군주들의 만수무강을 기원한다는 뜻에서 태조가 만세교라 이름 지었다고 한다.

16
남쪽으로 군자하君子河를 굽어보고 있다. 물 위에 만세교가 있다.

17
고을 원이 처음 감사監司에게 가서 보는 의식.

18
1759~? 조선 후기의 문신. 본관은 강릉. 아버지는 정진鼎鎭이다. 어려서부터 학문에 힘써, 1798년 춘당대春塘臺의 친시에 1등을 함으로써 전시에 직부直赴되었다. 그 뒤 1807년 홍문관 부교리가 되고 1808년에는 서장관으로서 청나라에 건너가 양국 사이의 현안을 수습하고 돌아왔다. 1810년 부교리로 있으

면서 과거시험과 기타 국정 전반에 대한 개혁 방안을 상소하여 왕으로부터 칭찬을 받고, 그에 대한 보상으로 비단을 받았다. 1813년 강계 부사로 나가 성실히 업무를 수행한 결과 가자加資되었으며, 그 뒤 의주 부윤과 개성 유수를 거쳐 1827년에는 함경 감사가 되었다.

19
병마평사兵馬評事.

20
감사가 일을 보던 관아.

21
근래에 생긴 풍습이라는 뜻이다.

함흥 만세교.

腹를 넘지는 않아서 뱃사공들이 뱃전을 팔뚝으로 끼고 다니는데, 만약 가뭄을 만난다면 곧 물이 절반 이상 줄게 되니 이것이 흠이 되는 곳이다. 부府에 들어가 잠시 쉬었으니 판관判官 이현시李玄始와 중군中軍 유창근柳昌根이 와서 만나보았다. 밥을 먹고 연명延命[17]하러 순상 김계하金啓河[18]씨를 배알하였다. 평사[19]가 순영[20]에 가서 연명하는 것은 고례古例가 아니었다.[21] 앞선 조정에서 순사巡使가 병마절도사兵馬節度使를 겸직했기 때문에 상하 관원의 체계로 정했다고 한다. 이어서 중관中軍 및 판관과 사례謝禮하였다. 날이 이미 저물어 여러 명승지를 두루 관람할 수는 없었다. 밤에 판관과 중군이 각각 기생과 악기, 술과 안주를 챙겨와서 이야기를 나누었다. 밤이 깊은 뒤에야 이야기를 마치고 떠났으므로 닭이 운 뒤에야 잠자리에 들었다. 이날에는 50리를 다녔다.

8月 7日

맹인 점쟁이에게
길흉을 묻다

22
함경남도 함주 덕산면과
홍원 용운면 사이에 있는
재. 북쪽에 차유령이 있으
며, 함경산맥 서남단에 위
치해 있다. 이성계가 외적
과 싸워 이긴 곳으로 달
단동韃靼洞 승전기념비가
있다.

23
함경남도 북청 거산면 평
리.

    빗줄기가 부슬부슬 내렸다. 그렇지만 과거 보는 날
이 차츰 다가와 죽치고 있을 수만은 없었다. 이에 빗
속에 길을 떠나 덕산역德山驛에서 점심을 먹었다. 빗줄
기가 그치지 않았지만 함관령咸關嶺22을 넘었는데, 높
고 험준한 것이 철령鐵嶺보다는 조금 못했다. 그러나
나무가 하늘을 찌르는 듯했고, 닦인 길이 매우 넓었으
며, 나팔이 앞을 인도하고 가마를 타고 가 답답한 속
이 제법 풀리는 것을 느꼈다.

    고개를 내려와 함원관咸原關에서 조금 쉬었다가, 거
산居山23의 말로 바꿔 타고 밤에 홍원현洪原縣에서 잤
다. 성첩과 마을이 다함께 평온했으며, 해변이 고을 아
래에까지 구불구불 들어갔고 기이한 봉우리들이 펼
쳐져 있어 좌우의 경치가 꽤나 시원스럽게 툭 트였다.
파도 소리가 밤새도록 침상을 흔들어대서 밤중에 삼
협三峽을 건너는 듯했다. 고을 수령 최한익崔漢翼이 나
와서 만나보고 담소하였다. 맹인 이달희李達熙는 이 고
을 사람이다. 몇 해째 점치는 일로 서울에까지 이름이
드날려서, 진작에 안면이 있던 사람이다. 밤중에 찾아

와서 만났으므로, 일행이 다같이 여행 중의 길흉을
점쳐보았다. 이날에는 90리를 다녔다.

8月 8日

여러 수령을
만나다

바다를 따라 가다가 방호정方壺亭에서 조금 쉬었다.
산등성이가 불끈 솟아서 바다 속으로 들어갔으니 푸
른 절벽이 깎아지른 듯이 서 있었으며, 파도가 출렁거
렸다. 옛날에 절개 있는 부인이 이 바위 아래서 죽었
으므로 절부암節婦巖이라 이름 붙이고 그 위에 정자를
지었다. 또 작은 섬 하나가 있는데 바로 물속에서 마
주하여 서 있었고, 소나무 숲이 빙 둘러 있었으며, 좌
우에는 고기 잡는 집들의 밥 짓는 연기가 나무 사이
로 어른거렸으니 매우 사랑스러웠다. 평포平浦에서 점
심을 먹었다. 저녁에는 쌍포雙浦를 넘었는데 고개가 그
리 높진 않았다. 고개를 넘으면 곧바로 북청北靑 땅이
나왔다. 30리나 되는 긴 시내가 좌우로 마구 흘러서,
밭두둑이 모두 흔적形址²⁴이 없고, 물이 북청으로 흘
러 들어가 성 밖의 큰 시내가 더욱 흘러넘쳐서 백사
장에 떠밀려온 어지러운 돌들이 한번 바라보면 끝도
없이 펼쳐져 있었다. 너비가 8리이고 길이가 80리나
된다.

근래에는 백성의 형편이 절박해서 성안이나 시장

25
생몰년 미상. 본관은 연
안延安, 자는 성거聖擧.
1809년 별시에 합격했고
그 외의 자세한 행적은 알
수 없다.

26
함경남도에 있는 지명.

27
함경북도 동남쪽에 위치.

28
함경남도 동쪽에 위치.

29
조선시대에 북청의 남병영
에 머무르던 병마절도사.

에는 곡식이 나오지 않아 그곳에 사는 사람들이 부황浮黃에 걸린 이가 많았다고 한다. 배로 큰 시내를 건너 북청부로 말을 달려갔다. 성이 산 아래 평지에 있었다. 아주 큰 고을이라 할 수 있으나, 돌로 지어진 집들이 매우 위태롭고 시장의 비린내가 코를 찔러 볼 만한 것은 없었다.

고을 수령인 이예연李禮延[25]이 나와서 만나보았으며, 홍원洪原[26]의 수령도 연명하는 일로 내 행차를 따라서 여기에 이르렀으므로 와서 만나보았고, 단천端川[27]의 수령인 이용석李用錫과 이원利原[28]의 수령인 김지호金祉昊 및 거산居山의 역승驛丞인 오휘량吳彙良이 다 와서 만나보았으니, 대개 남병사南兵使[29] 이완식李完植이 내일 연회를 열게 되어 인근 수령들을 맞이해왔기 때문이었다. 밤에 고을 수령이 노래하는 기생과 술, 안주를 가지고 와서는 이야기를 하다가 갔다. 남병사가 고을 수령에게 내가 가는 것을 만류하게 하여 내일 연회 자리에 가기를 원했다. 그러나 끝내 와서 만나지는 않았으니 괴이하게 여겨졌다. 나는 여행길이 바쁘다는 이유로 못 간다고 사양했다. 이날에는 90리를 다녔다.

8月 9日

소나무 숲과 어우러진 시중대

길을 떠나 큰 고개를 넘어 거산역居山驛에서 점심을
먹었다. 시중대侍中臺에 당도하니 좌우에 있는 산기슭
이 온통 소나무 숲이었다. 어깨로 메는
가마를 타고 올라가서 꼭대기에 이
르니, 산줄기 하나가 불끈 바다
로 들어갔는데 앞으로 보면 끝
도 없이 멀었다. 고려시대의 시
중侍中 윤관尹瓘이 말갈을 치
려고 왕래할 때 여기서
머물렀다. 그의 후
손 윤헌주尹憲柱[30]
가 함경도 관찰
사로 있을 때
에 비碑를 세워 공적을 기록했는데, 시중대라는 석
자를 새겨놓았다. 남송정南松亭에 당도하니 바다 위 높
은 언덕이 길이가 거의 10리나 됨 직했고, 너비는 몇
후帿나 될 만하였다. 소나무 숲이 촘촘히 서서 위로는
하늘에 있는 해를 가렸으며, 길이 그 가운데로 뚫려
있었다. 모래를 밟고 가자니, 산 빛과 바다 빛들이 소

30
1661~1729. 본관은 파
평, 자는 길보吉甫, 호는
이지당二知堂. 시호는 익
헌翼獻. 1698년 문과에
장원하여 전적典籍·정언
正言을 거쳐 헌납獻納을
역임했다. 1716년 성주 목
사, 이듬해 충청도 관찰사,
이어 형조·병조·호조참
판, 도승지를 지냈다. 이듬
해 함경도 관찰사로 부임
했는데, 독직瀆職 사건事
件으로 용천에 유배되었
다가, 1724년에 풀려나와 한
성부 판윤, 형조·호조 판
서를 역임하고 은퇴하였
다. 1728년 이인좌 등의
반란 때 북도안무사北道安
撫使로 기용, 분무원종공
신奮武原從功臣에 추록되
고, 좌찬성左贊成에 추증
되었다.

함경남도 이원군청.

나무 사이에 어른거려서 아주 장관이었다. 다만 무덤들이 소나무 사이로 다닥다닥 모여 있다. 모래를 모아 무덤을 만든 것이다. 무덤에 떼가 나지 않아서 왕소군 王昭君의 묘와 같은 것이 있었으니, 당연히 청총 青塚이라 이를 만하였다. 무덤 앞에는 짤막한 비를 많이 세웠다. 그런데 어떤 것은 좌수 아무개 공, 별감 아무개 공이라 썼으니 우스꽝스러웠다. 소나무 숲이 다 끝난 곳에 이원읍이라는 데가 있었다. 정당 政堂으로 들어가 잤는데 또한 빈 관청이었다. 산 아래 작은 고을이 보잘 것은 없었으나, 아름다워서 진실로 사랑스러웠다. 이날에는 100리를 다녔다.

8月 10日

월파헌을 찾다

길을 떠나 북송정北松亭에 도착했다. 남송정과 다를
게 없었다. 또 일송정一松亭을 지났는데 넓이가 남송정
과 북송정에는 미치지 못하였다. 바다를 따라 가다가
곡구역谷口驛에서 점심을 먹었다. 곧 거산 찰방居山察訪
의 우관郵舘이었는데 그 옆에는 월파헌月波軒이 있었다.
지형이 높고 널찍했으며, 큰 바다가 앞으로 둘러져 있
었다. 편액에는 옛사람들의 제영題詠이 많았다. 학사대
學士臺[31]에 가서 구경했는데, 산기슭이 바다 가운데로
툭 솟아 들어갔다. 돌 절벽이 우뚝하게 서 있었고, 아
래에는 소반 같은 돌이 깔려 있는데, 기이하게 뒤섞여
있는 것이 단양의 중선암中仙巖과 엇비슷했다. 바다의
파도가 거기에 부딪혀 반석盤石의 절반까지 때렸는데,
부딪히는 소리가 산을 흔들어대는 듯해 매우 장관이
었다. 학사대는 곧 상국相國 김익金熤[32]이 이원에 좌천
되어 나갔을 때 이름을 지어 돌에 새기고 간간이 나
와서 잔치하며 놀던 곳이다. 돌 위에는 옛사람이 제명
題名한 것이 많았으므로 나도 커다랗게 이름과 자字를
써서는 그 고을에서 제일 뛰어난 각자공刻字工에게 맡
겨 글자를 새기게 하였다. 저녁에 마운령摩雲嶺을 넘었

31
함경남도 이원 학사대리學
士臺里에 있는 바위. 1980
년 1월 북한 천연기념물
제290호로 지정되었다.
1506년경부터 절벽에 '학
사대'라는 글자가 새겨져
있었다고 전한다. 동해와
해안가의 기묘한 바위들과
절벽, 송림이 어우러져 절
경을 이뤄 오래전부터 명
승지로 알려져 있다. 이곳
에는 무게가 100톤에 달
한다는 '움직이는 바위, 달
걀 모양의 바위가 세찬 파
도에 의해 회전한다는 '돌
아가는 바위' 등 기묘하고
아름다운 정경이 펼쳐진
다. 10미터 높이의 범바위
꼭대기에서 바라보는 전망
도 아름답다.

32
1723~1790. 조선 후기의
문신. 본관은 연안延安, 자
는 광중光仲, 호는 죽하竹
下·약현藥峴. 1763년에 문

마운령 진흥왕 순수비.

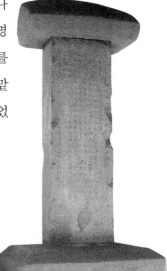

과에 급제해 홍문관에 등
용되고, 이듬해 왕이 인원
왕후(숙종 계비)의 제삿날
을 맞아 매일같이 불공을
드리는 것을 반대하다가 왕
의 노여움을 사서 갑산甲山
으로 유배되었다. 뒤에 석
방되어 응교應敎에 제수
된 뒤 1769년에 세자시강
원겸필선世子侍講院兼弼善
에 임명되었고, 1784년 우
의정으로 진주 겸 주청사
陳奏兼奏請使의 정사가 되
어 청나라에 다녀왔으며,
1786년에 또다시 동지사
은사冬至謝恩使가 되어 청
나라에 다녀왔다. 1789년
우의정에서 물러났으나 바
로 영의정에 올랐다.

33
조선시대에 함경남도 경성
에 둔 병영.

34
조선시대 지방 감영에 속
한 영리 중 특히 임금에게
올리는 계서啓書를 필사
하는 임무를 맡았다.

35
수령 밑에서 심부름하는
하인.

36
새로 부임하는 수령을 맞
기 위해 그 군아에서 신임
수령에게 바치던 물건.

으니, 또 함관령咸關嶺보다도 갑절이나 높고 가팔랐다.
그런데 첩첩 산들이 하늘가에 있는 것과 같으니 마운
摩雲이라는 이름을 얻은 것이 참으로 빈말이 아니었
다. 밤에 단천부端川府에서 잤는데 성첩과 관청은 또한
하나의 큰 고을이었으나 빈 관사였다. 이날에는 80리를
다녔다.

8月 11日
함경 남부의 경계, 마천령

아침에 비가 내려서 빗속에 출발하여, 마곡역磨谷驛
에서 점심을 먹었다. 북병영北兵營[33]의 아전인 유형좌兪
衡佐와 계서영리啓書營吏[34]인 정종익丁宗翼과 도색都色, 통
인通引, 흡창吸唱,[35] 사령使令 등이 약간의 물품支裝[36]을
가지고 왔다. 식사를 마치자 비가 개었다. 마천령에 올
랐는데 마운령보다도 더 높았다. 하늘에 닿을 만큼
곧추 솟아 있는 까닭에 함경남도와 함경북도의 한계
가 된다. 옛날에 내가 영동의 대관령을 올랐을 때 평
생에 처음 보는 높은 고개라 생각했었다. 그런데 이제
또 그보다 더했으니 모르긴 몰라도 이후에 이 고개보
다도 더 높은 고개를 보게 될 것인가. 산 중턱에 북병
사의 교구정交龜亭이 있어 조금 쉬었는데, 한잔 술을 내

「성진완월城津玩月」, 「북관수창록」, 한시각, 비단에 색, 29.6×23.5cm, 1664년경, 국립중앙박물관.

왔다. 고개에서 내려와서는 어둠 속에 성진성城津城으로 달려가 밤중에 결승헌決勝軒에서 유숙하였는데, 곧 첨사僉使의 아헌衙軒이었다. 성 북쪽이 툭 솟아서 바다 안으로 들어갔다. 사면의 석벽은 큰 바다에 둘러싸였고 육지와 연결된 곳은 과녁 하나나 세울 만한데 하늘에 닿을 듯해서 사방으로 막힌 요새를 만들었다. 그런데 길 하나가 요충지를 차지하고 있었으니 참으로 우리나라엔 요충지이고 적에게는 해로운 곳이어서, 반드시 지켜야지 잃어서는 안 되는 곳이다. 첨사 이길구李吉求가 나와서 만나보았다. 여기 이후로는 북관 땅이었으므로 각 고을에서 마중하여 응대하는 절차가 전과는 크게 달랐다. 이날에는 100리를 다녔다.

8月 12日

군기 빠진 모습들

아침 일찍 일어나서 망양정望洋亭에 올랐다. 망양정은 동쪽 성 모퉁이의 가장 높은 곳에 있었는데, 일출을 보려 했으나 구름이 가려서 해를 볼 수는 없었다. 관어정觀魚亭에 내려와 쉬고 세검정洗劍亭에 올랐으니, 안팎의 성첩과 사면의 바다 빛과 관청과 민가가 모두

시야에 들어왔다. 조일헌朝日軒을 두루 보고 출발해 임
명역臨溟驛[37]에서 점심을 먹었다. 지나다가 명천서원溟
川書院[38]에 참배하였으니, 곧 조헌趙憲(1544~1592)이 귀
양살이 때 살던 곳의 집터였다. 저녁에 길주목吉州牧에
서 유숙하였는데, 성첩과 관청이 방영防營[39]이기 때문
에 꽤나 장대하다고 칭찬하고 있었다. 그러나 고을의
터가 평지에 있어서 사방에 장애물이 없었으니 보잘
것은 없었다.

　고을 수령인 이형권李亨權이 나와 만나보았는데, 방
어사라는 연유로 서로 동등한 예우를 하였다. 일찍이
들으니 북관 친기위北關親騎衛[40]는 곧 우리나라의 정병
精兵이라 했다. 아침에 출발해서 저녁때 도착하자, 5리
쯤 되는 길에 나와서 기다리고 있는 이들이 원래 인원
중 절반도 되지 않았다. 그나마도 모두 산골에 사는
어리석은 백성이었으니, 군대의 예禮를 행할 때 어수
선해서 질서가 없었다. "앉아" "일어서" "앞으로 가" "뒤
로 가" 할 때에 모두 법도에 맞지 않았으니 괴이하였
다. 밤에 고을 수령이 기악妓樂과 술, 안주를 가지고 와
서 이야기를 했다. 여기 와서 감영의 공문을 보니 감
시監試[41]의 초시 날짜는 19일, 동당초시東堂初試는 29일
에 보겠다고 써서 보냈다. 그런데 이 고을에서 공문으
로 알린 것을 보니 "20일에는 감시를 보고 9월 초하

37
함경북도 학성 학중면 임
명동.

38
함경북도 학성(현재의 김책
시 학중면 임명동)에 있던
서원. 1670년에 관찰사 민
정중閔鼎重이 지방 유림
의 건의에 따라 조헌의 충
절과 덕행을 추모하기 위
해 임명역 벌찬 동쪽에 중
봉서원重峯書院을 창건하
여 위패를 모셨다. 그 뒤
홍수로 묘우廟宇가 무너지
자 관찰사 남구만南九萬이
1674년에 벌찬 북쪽으로
이전하였으며, 1696년 '명
천溟川'이라고 사액되어 명
천서원으로 개칭되었다. 경
내 건물로는 사우·강당·신
문神門 등이 있었다. 선현
배향과 지방 교육의 일익
을 담당해오던 중 대원군
의 서원철폐령으로 1868
년에 훼철되었으며, 복원
여부는 미상이다.

39
조선시대에 경기, 강원, 평
안, 함경도에 설치되어 있
던 방어사防禦使의 병영.

40
조선시대에 함경도에 설치
했던 기병부대. 1684년 국
경 지대인 함경도의 변방
을 지키기 위해 궁재弓才·

「조일헌朝日軒」,
「북관수창록」,
한시각, 비단에 색,
30.0×46.5cm, 1664.
국립중앙박물관.

마재馬才 및 용력勇力이
있는 자 600인을 선발해
친기위라 하였다.

41
국자감시國子監試의 준말.
조선시대에 생원과 진사
를 뽑던 과거.

42
과거의 본시험에 대한 별칭.

롯날에는 동당시東堂試[42]를 본다" 하였으니 일이 매우
이상했다. 한번 다시 감영의 공문을 고쳐달라는 뜻으
로 파발마로 서둘러서 순영巡營에 보고하였다. 이날에
는 90리를 다녔다.

8月 13日

보잘것없는 명천부

고참古站에서 점심을 먹고 저녁에 명천부明川府에서

유숙하였다. 비록 성지城池가 있지만 산도 아니고 들도
아니어서 고을의 터가 보잘것없었다. 성안에 사는 백
성은 없고 성 밖에도 수백 호를 넘지 않았다. 일찍이
아주 큰 고을이라고 알았는데 내가 본 것은 작은 고
을과 다를 바 없었다. 고을 수령 오치풍吳致豐이 나와
서 만나보았으며, 전 중군 주남익朱南翊과 전 첨사僉使
정해운鄭海運은 곧 이 고을 사람인데, 북관의 호걸이었
다. 불러서 접견한 뒤 군관과 전령에게 명함을 넣게 하
였다. 이날에는 75리를 다녔다.

8月 14日

경성 땅에서의
고향 생각

아침 일찍 출발하였다. 10리를 채 가지 않아 곧 경
성鏡城 땅이 나왔다. 바라보니 해안과 큰 들판 가운데
에 외딴 산이 하나 있다. 그 정상에 높이 서 있는 돌기
둥은 위아래가 똑같이 둥글었으며 높이가 수십 길이
될 만하다고 하니 이곳이 천주봉天柱峯[43]이었다. 귀문
관鬼門關에 당도하자, 지형이 회양의 맥판과 같아서 높
고 깊은 것이 위험했으나 도리어 맥판에는 미치지 못
하였고, 너비 또한 곱절이 되었는데, 해문海門이 멀지

[43]
함경남도 신흥에 있는 산.
함경산맥에 딸려 있고, 높
이는 1261미터다.

않았다. 그러므로 바람이 차츰 차가운 것이 느껴졌다. 석벽이 모두 매우 시커맸으니 귀관이라는 이름이 붙은 것은 이런 까닭에서인가? 이 골짜기는 대개 백두산에서부터 자연적으로 오목하게 푹 꺼져서 곧바로 해문에 이르러 이와 같이 되었다고 한다. 평소에 "사람이 귀문관에서 오면 이국異國의 소식을 듣는 것과 같다"고 들었다. 이제야 몸소 이 땅에 이르니 갑자기 고향이 그리워지는 생각을 금할 길이 없었다. 역관에서 잠시 쉬고, 한잔 술을 마셨으며, 앞으로 주촌朱村[44]으로 나아가니 부령富寧[45]의 전 수령인 윤희풍尹喜豊이 교체되어 오는 길에 여기에 와서 서로 만나게 되었다. 저녁에 영강永康의 고개를 넘어 역관에서 유숙했으니 이날에는 105리를 다녔다.

8月 15日

쓰임새 많은 소달구지

아침 일찍 출발하였다. 마침 추석날이어서 곳곳마다 산에 올라 제사를 지냈는데, 의관을 갖춘 남자와 소달구지에 탄 아녀자들이 도로를 꽉 채웠다. 함흥 이북에는 넓은 들이 많으므로 집집마다 거가車駕가 있

어 한 마리 소로 곡식이나 나무를 운반하기도 하고,
혼인하러 오가는 일에도 모두 소달구지 신세를 졌는
데, 곧장 육진六鎭에 이르기까지 모두 그러하다고 한
다. 점심때가 안 되어 경성에 도착하여 재필당載筆堂에
있었는데 곧 북평사의 아헌이었다. 들어가 병상兵相에
게 절했는데, 군대의 예를 생략하고 개인적인 예를 올
렸다. 물러난 뒤에는 고을 수령인 이봉순李鳳純[46]이 나
와서 만나보았다. 성곽과 군대의 모습은 크게 안배하
여 배치되었다고 이를 만하였으나, 풍속이 어리석어
서 관서關西 지방보다 훨씬 못하였다. 밤에 달빛이 대
낮과 같으므로 뜰을 산보하고 나서, 곧바로 명을 내리

일제강점기에 촬영된
함경북도 경성 남문의 모습.

46
생몰년 미상. 본관은 전주
全州, 자는 성의聖儀. 1814
년 정시에 합격하였다.

고 남문의 누대로 걸어서 올라가니 기생의 풍류와 술, 안주들이 또한 차츰 와서 모였다. 동쪽으로는 큰 바다를 바라보자 온통 유리세계를 이루고 있으니 나도 모르게 가슴속이 상쾌하였다. 밤이 깊은 뒤에 돌아와 잤다. 이날에는 45리를 다녔다.

8月 16日

원수대에 가서 놀다

그대로 머물러 있었다. 식사를 마친 뒤 원수대元帥臺에 가서 놀았다. 화장을 한 열 개로 나뉜 대오의 융장 戎裝[47]들이 앞에서 인도하였다. 말 위에서 노래하고 춤 추며 날듯이 몹시 빨랐으니 또한 볼 만하였다. 원수 대는 곧 윤관이 군대를 머물러둔 곳으로, 윤헌주가 비를 세운 것이었다. 앞으로는 큰 바다를 굽어보고 있어서 파도가 매우 세차 사람의 말소리를 분간하기 어려웠다. 고을까지의 거리는 거의 10리가 되었는데 밤에 잘 때도 파도 소리가 시끄러웠다. 고을 수령과 영 막營幕, 군영 막사에 있는 조생趙生이 함께 와서 검무劍 舞를 보았다. 바닷가의 경치가 과연 쓸쓸하지 않았다. 저물녘이 되어서야 돌아와 세 번째 편지를 써서 군수

47
여기서는 군대 복장을 갖춘 사람들이라는 뜻이다.

劍舞
검무

「검무」, 『원행정리의궤도』, 종이에 색, 62.2×47.3cm, 19세기, 국립중앙박물관.

主帥(군대를 통솔하는 사람)에게 보내주기를 간곡하게
청하였다.

8月 17日

부령부로
들어가다

48
함경북도 청진 수성동 지
역에 있었던 역참.

49
주廚는 음식점인 주포廚
鋪, 전傳은 역마를 내주는
역전驛傳으로, 곧 지방을
오가는 관원에게 거쳐가
는 역참에서 음식과 역마
를 제공하는 것을 말한다.

아침 일찍 출발하여 수성역輸城驛[48]에서 점심을 먹
었으니 또한 찰방의 우관郵館은 아니었지만, 찰방 이희
교李熙敎가 와서 만나보았다. 이에 그를 남겨놓고, 형제
암兄弟巖에 당도했다. 두 개의 바위가 시냇가에 마주보
고 있는데 하나는 크고 하나는 작아서 이름을 형제
암이라 했다.

부령읍富寧邑에서 주전廚傳[49]하는 가기歌妓가 문안드
리러 와서 짐짓 약간 쉬었다가 술 한잔을 올리므로
술 한잔을 먹고 나서 부령부로 말을 달려가서 유숙하
였다. 성첩은 견고하고, 관아의 건물이 널찍했으나 고
을 터가 수많은 산속에 있어서 볼 만한 것이 없었다.
고을 수령인 권성언權聖彦이 나와서 만나보았으며, 온
성穩城의 수령인 신광석申光碩이 지나는 길에 찾아와
서 만나보았다. 경성의 판관도 참시관參試官으로 함께
와서 만나보았다. 이날에는 100리를 다녔다.

8月 18日

지친 군사들을
보다

하루 종일 비가 부슬부슬 뿌려댔다. 빗속에 길을 떠나 온종일 깊은 골짝 가운데를 다니다가, 황폐한 무산진茂山鎭에서 점심을 먹었으니 보잘것없는 진이었다. 돌을 모아 성을 만들었다. 벌목을 금지해서 나무가 하늘을 가리고 있었으나, 진영에 딸린 군사들이 모두 지쳐 있었다. 지나는 길에는 단풍이 바로 물들고 있었다. 여기서 북관北關은 일찍 추워진다는 사실을 알 수 있었다. 차유령車踰嶺[50]을 넘었으니 그리 높지는 않았으나, 긴 골짜기가 이리저리 굽어 있었으며, 나무가 떨기져서 울창하였다. 견여를 타고 20리를 가 저녁에 마전역麻田驛에서 잤으니 이날에는 90리를 다녔다. 무산의 수령이 미리 와서 만나보고 떠났다.

8月 19日

오랑캐의 풍속이 짙은
무산부

아침 일찍 출발하여 깊은 골짝 속을 계속해서 가

50

함경남도 함주와 홍원. 현 함흥과 홍원 경계에 있는 고개. 높이 507미터. 함흥 동북쪽 24킬로미터 지점에 있다. 남쪽의 함관령咸關嶺(450미터)과 함께 예부터 함흥·홍원 간의 주요 통로로 이용되어왔으나, 지금은 함관령에 국도가 통하여 차유령은 거의 이용하지 않는다. 고개는 남쪽 산성리에서 북쪽 신흥리를 넘는 약 4킬로미터 간으로 매우 험준하다.

무산 시가(위)와 무산령에서
쉬고 있는 벌채꾼들.

다가, 무산부茂山府로 말을 달려 들어갔으니 곧 육진六鎭 가운데 하나였다. 두만강이 성 밖에 몇 과녁만큼의 거리에 있는데, 강 밖의 오랑캐 지역 산이 눈앞에 펼쳐져 있었다. 읍치가 약간 평평하고 널찍했으며 성첩이 약간 견고하였으나, 이속과 무열武列(무인의 반열)은 모두 지쳐 있어서 군기가 거의 빠져 있었다. 변방에 있는 중요한 진지가 이처럼 허술할 줄은 생각지 못했다. 경성에서 이곳까지는 모두 깊은 골짝을 다녀야 했으니, 여기는 곧 백두산 끝자락인데 중국과 조선의 지역이 다 끝나는 곳이다. 그래서인지 백성의 풍속에는 오랑캐 풍속이 더 많았다. 지붕을 모두 흙으로 덮었으니, 삶을 즐기는 뜻이 꽤나 없었다. 그런데 사람과 사물은 오히려 서울처럼 번화해 괴이하게 여겨졌다. 여기에 도착해서 병영의 공문을 보니, 비로소 경과慶科[51]를 증광시로 치르도록 윤허되었고, 감시 일자는 식년시의 시험 날짜에 치르며 식년시의 과거는 이듬해 봄으로 늦춘다는 것을 알게 되었다. 이 고을의 수령은 이제완李濟完이었고, 부시관副試官[52]은 종성 부사鍾城府使 신의학愼宜學[53]이요, 참시관은 경성 판관이었는데 모두 나와서 만나보았다. 여기에 오자나무와 풀들이 모두 곧 잎이 누렇게 되어 9, 10월의 날씨와 다름없었다. 오랑캐 땅에서 불어오는 바람이 일찍 추워진다는 것을 더

51
조선시대에 나라에 경사가 있을 때 임시로 본 과거. 인재 등용이라는 과거 본래의 목적과는 달리 유생들에게 국경國慶의 기쁨을 나누어주고, 변방에 있는 유생들의 노고를 위로하기 위해 시행된 것이다.

52
조선시대 과거시험의 시관試官 가운데 상시上試 다음가는 둘째 자리의 시험관을 이르던 말.

53
생몰년 미상. 본관은 거창居昌. 1798년 식년시에 합격했다.

54
"七十二峯都挿天, 一峯石
廩舊名傳, 家家有廩高如許,
大好人間快活年."

55
주자, 「君子亭」: "倚杖臨寒
水, 披衣立晚風, 相逢數君
子, 爲我說濂翁."

56
고시考試. 즉 과거의 성적
을 살펴서 등수를 매긴 것
이라는 뜻이다.

57
과거에 합격했다고 금방金
榜을 들고 과거장 가운데
를 돌아다니며 외치던 일.

58
과거에서 시험하던 시의
열두 번째 글귀. 또는 부
의 열세째와 열네째의 두
글귀.

욱 알 수 있었다. 이날에는 50리를 다녔다.

8月 20日

감시 초장을
보다

곧 감시監試 초장初場을 보는 날이다. 날이 밝자 성문
을 열고 시험장을 설치하였다. 시제詩題는 "주자의 「석
름봉차경부운石廩峯次敬夫韻」[54] 시에서 '집집마다 노적
가리 있어 높이가 이만하다家家有廩高如許'"였고, 부제賦
題는 "나를 위해 주염계를 말해주네"[55]였다. 시험지를
거둔 것이 1300여 장이 되었다. 절반을 채점했는데,[56]
휘장揮場[57]이 3장 나왔다. 밤에 편안하게 잠을 잤다.

8月 21日

파발마가
돌아오다

고시가 끝나자 파발마가 비로소 돌아왔다. 순찰사
가 순행하다가 고원高原에 이르러 회제回題[58]한 것인데,
과연 감영의 아전이 잘못 써서 그렇게 된 것이다.

8月 22日

시험을
치르게 하다

저녁에 비가 조금 내렸다. 날이 밝자 문을 열고 시
험장을 설치하였다. 의제義題는 "1년은 366일이 있다"[59]
였고, 의제疑題로는 총 세 문제가 나왔다. 첫 번째 문제
는 공손추가 말하기를 "감히 묻건대 무엇을 호연지기
浩然之氣라 이릅니까?"라고 하니, 맹자가 말하기를 "말
로 표현하기는 어렵다" 하였다. 그런데 정자가 말하기
를 "이 한마디 말을 보건대 맹자가 실제로 이러한 호
연지기浩然之氣를 지니고 있었다는 것을 알 수 있다"고
하였는데, 무릇 "말로 표현하기는 어렵다"고 했던 한
마디 말에서 실제로 이러한 기가 있다는 것을 알 수
있다고 한 것은 어째서인가라는 것이었다.

두 번째 문제는 "그 기氣됨이 지극히 크고 지극히 강
하다"고 했으며, "기됨이 의와 도와 짝한다"고 했으니
앞뒤의 기氣라는 글자의 의미가 같은가 다른가라는
것이었다.

세 번째 문제는 "이것이 없으면 굶주린다"고 했고,
"행하는 것이 마음에 흡족하지 않으면 그것이 굶주린
것이다"라고 했으니 위의 뇌餒자와 아래의 뇌餒자는

59
『서경』 「우서虞書」 요전堯典
의 "碁三百有六旬六日"이라
고 한 그 주에 '천체는 지
극히 둥글다. 주위가 365
도 4분도分度의 1로서 땅
을 둘러 왼편으로 돈다天
體至圓, 周圍三百六十五度
四分度之一, 繞地左旋'고
했다.

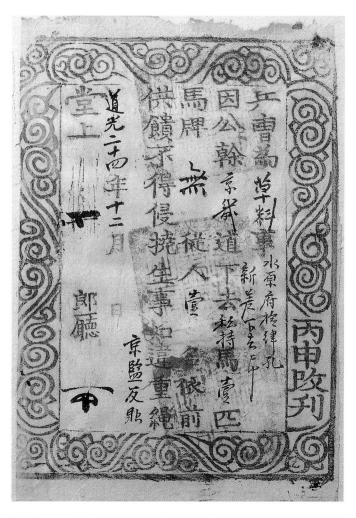

초료, 26.4×17.5cm, 1844, 경기도박물관. 초료는 관원이 공무로 여행할 때 경유하는 길의 각 관官과 역참에 대해 마필과 숙식 등의 제공을 명령하는 문서다.

뜻이 같은가 다른가[60]라는 것이었다.

시권試券을 거두어 보니 500여 장이었다. 채점을 거의 마치고서 밤에 편안하게 잤다.

8月 23日

북방의 기운이 부는 삭역루

아침에 일어나 살펴보니 사방의 산에 눈빛이 희었다. 8월의 눈은 일찍이 그 말이야 듣기는 했지만, 내가 직접 볼 줄 어찌 생각이나 했겠는가. 날이 샐 무렵 방榜을 내붙였다. 시詩의 장원에는 이현복李賢復, 부賦의 장원에는 이태원李泰元, 의義의 장원에는 오종걸吳鍾杰, 의疑의 장원에는 김건순金健淳이 뽑혔다. 합격한 사람들參榜[61] 중에는 직접 와서 보는 이가 많았다. 육진의 유생은 모두 장차 회시會試에 직부直赴[62]하게 되어, 초료草料[63] 얻기를 요청하므로 모두 허락해주었다. 경성의 수령은 먼저 하직하고는 떠났다. 밥을 먹은 뒤이 고을의 수령과 종성의 수령이 삭역루朔易樓에 나가 앉았다.

삭역루는 바로 북성의 문루였는데, 그 문루가 꽤나크고 넓었다. 큰 냇물을 굽어보고 있으며, 앞으로는

60
전체적으로 『맹자』 「공손추상公孫丑上」에 나오는 호연지기에 대한 내용을 담고 있다.

61
과거에서 뽑혀 방목榜目에 성명이 오름.

62
과거시험에서 초시를 면제받고, 직접 복시覆試(회시)나 전시殿試에 응시할 자격을 주는 일. 이를 직부회시直赴會試 혹은 직부전시直赴殿試라 했다. 처음에는 식년문과에 한해서만 직부하였으나, 뒤에는 증광시·별시·정시에도 직부했다.

63
조선시대에 공용으로 출장하는 관리에게 숙식 등의 제공을 명하는 명령서.

맑게 울려 퍼져 사람을 감
동시키는 것을 형용하는
말. 본래의 뜻은 맑은 노랫
소리가 들보를 감돌며 먼
지를 날린다는 뜻에서 온
말이다. 진晉나라 육기陸
機의 「의동성일하고擬東
城一何高」에 "한漢나라 사
람 우공虞公이 '한 번 노래
를 부르면 모든 사람 탄식
하고, 두 번 노래를 부르면
들보 위의 먼지도 날리네
一唱萬夫嘆 再唱梁塵飛'"
라고 나온다.

65

말을 달리며 표적인 허수아
비를 향하여 활을 쏘는 것

절벽을 마주하고 있어서 북쪽 바람이 쌀쌀하고 북방
의 기운이 참담하여 곧바로 사람을 약간 언짢게 하였
다. 대개 고을 터가 사방의 산 가운데에 있었으며, 성
터가 석벽으로 둘러져 있어서, 성루에 올라 바라보면
사방이 모두 시야에 들어왔다. 세 순배의 술이 돌고
나서 기생에게 명하여 노래를 부르게 해 술을 권하도
록 하자, 기생의 노랫소리가 울려 들보 위의 먼지樑
塵[64]를 날릴 만하였으니, 또한 매우 비장하여 들을 만
하였다. 해가 저물자 성루에서 내려왔다. 경성에 회시
를 보는 유생들의 행차에 네 번째 편지를 부쳤다.

8月 24日

백두산을 향한 여정

북병영의 조보朝報 편에 집에서 보내온 첫 번째 편
지를 받았다. 친구인 홍성선洪聖善의 부탁 때문에 고을
사람인 김종목金鍾穆을 불러서 만난 뒤 군관과 전령에
게 명함을 넣게 하였다. 날이 샐 무렵 망미루望美樓에
나가 앉았으니, 곧 성 서쪽의 문루였다. 경내에서는 친
기위 80명이 군장軍裝과 안마鞍馬(안장 갖춘 말)를 대동
해 일제히 와서 모였다. 말을 점고한 뒤에 각각 기추騎
蒭,[65] 창검槍劍과 월도月刀 및 쌍검雙劍 등의 기예를 시험

하였다. 말에 뛰어올라 선두를 다투어 가는 일에 숙
련되었으니, 과연 우리나라의 정예병이라 이를 만했
다. 낙폭지落幅紙[66]와 화살대 등으로 등수에 따라 상을
준 뒤 감시의 합격자 명단監試榜科作[67] 등의 문서를 날
렸다.

　이어서 가벼운 차림으로 말을 타고 백두산 여행길
을 출발하였으니, 백두산을 한번 오르는 것
이 평생의 숙원이었다. 그런데 올해
에는 과거를 치르는 날짜
와 겹쳤고 추위가
일찍 찾아올 듯해
아마 뜻을 이루지
못할 것 같다. 동
당시[68]의 시험 날짜가 이미 사흘이나 늦춰졌으
니, 그 사이 6~7일이라면 갔다 올 만할 듯싶었
다. 그러므로 드디어 여러 사람의 의견을 뿌
리치고 행장을 꾸려서 출발하였으니, 고을
수령과 종성의 수령도 따라왔다. 서쪽 문
으로 나와서 강을 따라 가니 곳곳마다 기이
한 봉우리였고, 굽이굽이마다 맑게 흐르는 물
이었다. 두만강은 일찍이 큰 강이라 생각했는데, 이제
와서 보니 다만 하나의 큰 냇물일 따름이다. 그 좁은

66
과거에 떨어진 사람의 답
안지.

67
감시監試의 방과榜科에서
지은 것. 감시는 조선시대
에 생원·진사를 뽑던 과
거, 곧 소과를 가리키며
방과는 저자가 "합격했던
과거"라는 뜻으로 쓴 말인
듯하다.

68
①동당감시東堂監試 ②조
선시대의 문과 또는 대과
의 속칭 ③증광시 등의 뜻
이 있으니, 여기서는 "동
당감시"라는 뜻으로 쓴 것
같다.

곳이 더러는 6~7보에 지나지 않았고, 그 얕은 곳도 옷을 걷어 올리고서 건널 만하였다. 남쪽 시내南溪를 지나니 마을이 꽤나 번성하고 촘촘하였다. 말에서 내려 가마를 타고서 산 중턱을 따라 가니, 왼편으로 큰 산을 끼고, 오른편으로는 절벽을 굽어보고 있어 두려워 내려다볼 수가 없었다. 몇 리쯤 가자, 봉우리 하나가 길가 강물 위에 우뚝 솟아올라 있는데 산양암山羊巖이라 하였다. 그 높이가 몇 길이나 되는지 모르겠지만, 꼭대기에 올라와 내려다보자 눈이 어지럽고 다리가 후들거렸다. 높은 산이 사방으로 에워싸고 있어서 비록 멀리 바라볼 수는 없었으나, 강 북쪽에 있는 평야의 거친 풀들이 무성하게 우거졌으니 오랑캐 지역인데, 사람 사는 곳은 여기서 거리가 매우 멀다고 한다. 크고 작은 산양령山羊嶺을 넘으니, 고개가 매우 높고 험하여 횃불을 잡고서 10여 리를 가 남촌의 시골집에 유숙하였다. 이날에는 25리를 다녔다.

8月 25日

주민들이
치재를 권하다

일찍 출발하였다. 강을 따라 가고 낭떠러지를 기어

올라가니 경치가 꽤나 기가 막혔다. 갑령甲嶺을 넘으면 백두산과 보다산寶多山[69]의 여러 봉우리가 시야에 들어온다고는 하는데 흐릿해서 분간할 수는 없었다. 박하천朴下川의 하류를 건넜으니, 곧 박하천과 두만강이 합류하는 곳이었다. 임강대臨江臺에서 점심을 먹었는데 높은 산이 사방으로 막혀 있고 밭들이 평평하게 넓었다. 인가가 섞여 있어서 닭 우는 소리와 개 짖는 소리가 서로 들렸으니, 도원동桃源洞 속과 다를 것이 없었다. 강구촌江口村을 지나게 되자 마을이 또한 꽤나 번성하였다. 그런데 그곳은 곧 서대천西帶川과 두만강이 합류하던 곳이었다. 길 오른편에 오랑캐들이 쌓은 옛 성이 있는데, 둘레가 매우 넓었으나 언제 축조한 것인지는 알 수 없다고 했다. 앞으로 가서 강구령江口嶺에 올랐다. 여기서부터는 잇달아 큰 들판 가운데를 가게 되는데 대체로 올라가는 길이 많았고, 내려가는 길은 적었다. 삼산평三山坪을 지나서 『해악일기海嶽日記』를 펼쳐 보니, "곧 여기부터는 사람이 없는 땅이므로 오직 삼나무만 빽빽하게 들어서서 하늘을 볼 수 없다"고 하였다. 그러나 지금에는 모두 개간해서 옥토를 이루었고, 촌락들이 마주 바라보고 있었다. 소홍단小紅湍에 도착하자 마을이 매우 보잘것없었으며, 언덕은 높고 골짜기는 깊으며 물은 맑고 산골은 깊숙하여 인

간 세상이 아님을 차츰 느끼게 되었다. 이어서 머물러 유숙하였으니 이날에는 80리를 다녔다. 원래 살고 있던 주민들이 말하기를 "산에 들어가기 전에 반드시 3일 동안 치재致齋[70]를 해야 합니다"라고 하면서 다투어 와서는 몹시 권하였다. 그러므로 그들의 말에 따라서 이날 저녁부터는 소찬素饌[71]으로 밥을 먹었다.

8月 26日

대홍천 상류에서 야영하다

새벽에 일찍 일어나 자성粢盛[72]을 정성스럽게 지어 폐포幣布[73]와 판향瓣香을 갖추고 글을 지어 산꼭대기에 있는 신당神堂에서 백두산 신에게 공경스럽게 고하였다. 이어서 앞으로 나아갔으니 여기서부터는 강 길을 벗어나 산길로 갔는데, 나무들이 하늘을 찌를 듯하여 하늘에 있는 해를 볼 수 없었다. 산불로 탄 곳에서는 저절로 말라 바람에 떨어지는 나무가 길가에 이리저리 엇갈려 있어 말을 달릴 수 없었다. 나무는 모두 삼나무와 자작나무였는데 삼나무는 많고 자작나무는 적었다. 그런데 하나같이 쭉쭉 뻗어 있어 구부러진 게 없으니 그 곧은 것은 화살과 같아서 높이가 수

70

제관祭官이 된 사람이 입제入祭하는 날부터 파제罷祭 다음 날까지의 사흘 동안을 재계齋戒하는 일.

71

고기붙이나 생선이 섞이지 않은 반찬.

72

예전에 나라의 큰 제사에 썼던 기장과 피를 이르던 말.

73

화폐 대신 쓰는 포로. 1460년(세조 6) 8월부터 폐포 양쪽 끝에 '조선통폐朝鮮通幣'라는 관인을 찍도록 했고, 『경국대전』 국폐國幣에 폐포 1필의 길이를 35척으로 정했다.

삼십 길이 될 만하였다. 자작나무는 곧 껍질이 분을 바른 것과 같아서 흰빛이 사람 눈동자에 비쳤으며, 풀로는 백산차白山茶[74]와 들쭉[75] 정과正果를 만들 수 있다. 철쭉과 진달래 등이고 다른 풀과 나무들은 없었으며, 곧바로 큰 사막과 통해서 수천 리 길이 모두 그렇다고 한다.

내가 함께 가는 사람에게 말하였다.

"지금 이 잇개나무와 봇나무를 베어내서 연결시킨다면 어디까지 이를 만하겠소?"

어떤 사람이 말하였다.

"당연히 서울에 이를 만합죠."

다른 사람이 말하였다.

"당연히 동래에 이를 만합죠."

의논이 분분하게 어지러웠으나 무산의 수령만이 혼자 말하였다.

"소견이 어찌 그리 꽉 막혔소? 무더기로 서 있는 삼나무라면 몇백 리, 몇천 리가 될지 모르니, 이것이 무진장하다고 하는 바를 이르는 것이오. 가령 사방 10리의 나무를 베어내 이어서 붙이면 마땅히 1000리에 이를 만할 것이나, 이제 여기에 있는 삼나무를 전부 베어서 잇는다면 비록 서쪽으로는 파촉까지 다다르고, 남쪽으로는 교지交趾까지 다다르더라도 반드시 나무는 남음이 있고 땅은 끝이 있게 될 것이오."

그 말이 진실로 이치가 있었다. 앞으로 가서 장파長坡의 마을에 당도하니 긴 골짜기 속에 사람 사는 집들이 시내를 따라 자리 잡고 있었다. 60~70호에 가까운 집들이 하나의 두레를 저절로 이루고, 또 곳집倉舍이 있었으니, "이것은 몇십 년 동안 촌락을 이룬 것이었다"고 한다. 여기 이후로는 사람이 없는 지역을 가야 했다. 점심밥午站이나[76] 저녁의 잠자리 모두 초막草幕을 엮어야 한다고 한다. 다만 하나의 길이 겨우 사람이 통과할 만하였고, 다른 갈림길은 없어서 말구종牽夫[77]이 고삐를 허리에 묶고서 앞으로 가면 일행이 물고기를 꿴 듯이 앞으로 나아간다. 남증산南甑山과 노은산蘆隱山 두 산 사이를 넘으면, 남쪽으로는 보다산을 보게 되고, 동쪽으로는 장백산長白山을 보게 되며, 서쪽으로는 백두산을 보게 되는데, 눈빛이 모두 희었다. 대홍단大紅湍에 이르렀으니 곧 소홍단小紅湍의 상류였다. 불곡에서 점심을 먹고 가서 대유곡大柳谷과 소유곡小柳谷을 지났으니 대개 이 산의 나무들은 모두가 삼나무와 자작나무였으나 이 골짜기에는 버드나무만 있었다. 그 때문에 대유곡과 소유곡이라는 이름을 얻었다. 온종일 어지럽게 펼쳐져 있는 들판 가운데를 갔으니 천평天坪이란 곳이다. 노은산 이후로는 전후좌우가 온통

평원인데 넓은 들판이 사면으로 수삼백 리씩 이어져 있는 터라 한번 바라보면 끝이 없어 곧장 북호北胡의 땅인 광막한 들판에 통하게 되는 까닭에 수천 리를 다 따져봐도 막히는 곳이 없었고 오직 구불구불하며 비탈진 사이에 있는 것이었다. 만약 이곳을 개간해 씨앗을 심는다면 모두 옥토라 이를 만할 것이다. 그러나 4월이 되면 얼음이 그제야 녹고 7월이면 서리가 이미 내려서 중간에 해당되는 몇 개월 동안 온갖 곡식이 익을 수 없으므로 인적이 닿지 못하고, 산승山僧들도 살지 못한다. 비록 올라가서 볼 만한 곳이 없었으나, 지형이 높다는 것을 알 만하였다. 저녁에 사타봉沙陀峯에 도착해서 야영하고茇舍[78] 머물러 잤으니 여기는 또 대홍천大紅川의 상류였다. 나무를 베어다가 막사를 얽고, 방석이나 병풍과 장막 등으로 둘러치거나, 또 큰 나무를 베어서 동서남북 사면에 싸서 모았다. 어깨 높이만큼 싸서 거기에 불을 땠다. 밤새 꺼지지 않고 더운 기운이 훈훈하여 추위 때문에 그다지 떨지는 않았다고 했다. 노복들이 머리를 모아 불을 쪼이며 밤을 넘겼으니, 밤마다 모두 그렇게 하였다. 이날에는 90리를 다녔다.

[78] 군대가 풀을 제거하고 야영함.

삼지연의 화려한
세 번째 못물

　일찍 출발하여 수십 리를 가니 길옆에 샘물이 있었다. 평지에서 물이 솟아나는 것이 크기가 묶은 나무 다발과 같았는데 공중으로 한 자쯤 솟구쳤다 내려오는 것이 콸콸 소리가 나서 형세가 매우 장대하였다. 나무를 그 가운데에 꽂으려 했으나 지탱할 수는 없었다. 몇 리를 지나가자 큰 냇물이 됐으니 곧 홍단紅湍이 발원하는 곳이었다. 말에서 내려 조금 쉬었다. 표주박으로 물을 떠 마시자 매우 차가웠다. 보다산을 지나왔는데, 산의 모습이 갑작스레 솟아올랐으며, 산기슭은 그다지 우뚝 솟지 않아서 오르기 어려운 곳은 아닌 듯했다. 그러나 거기 사는 주민들이 전하는 말에 "그 위에는 또한 큰 못이 있고 그 못 언덕에서는 인삼이 많이 생산된다. 또 물과 육지의 진귀한 보배가 많은데, 사람이 간혹 여기에 이르면 마른하늘에서 날벼락이 치며, 해는 쨍쨍한데 바람이 불고 비가 내리는 까닭에 비록 근방에 있는 사냥꾼이라 해도 끝내 올라갈 수 없다고 한다. 삼지연三池淵에서 점심을 먹었는데 대개 평야 가운데에 세 개의 큰 못물이 있으므로 붙여진 이름이라 한다. 첫 번째 못물과 두 번째 못물은 어떤 것은 얕기도 하고 어떤 것은 작기도 해서 별로 볼 만한 것이 없었다. 그러나 세 번째 못물은 거울과 같고 사면이 네모반듯했는데, 둘레가 4~5리 됨 직하였으며, 그 가운데에 있는 작은 섬은 모양이 동그랗게 솟은 것이 사발과 같았으니, 대개 여러 나무가 거기에 덮여 있어서 색깔이 매우 아름답고 화려하였다. 사면이 조그마한 언덕으로 둘러져 있는 못물 가는 삼나무가 무성하게 빽빽하여 뗏목으로 유람할 만한 곳이었다. 삼지연 남쪽에 나 있는 길은 곧 갑산으로 가는 길이었다. 여기서부터 허항령虛項嶺까지의 거리가 5리나 된다고 한다. 삼지연에서 북쪽으로 가면 천수泉水를 지나게 되는데 곧 골짜기 속의 샘물이 솟아나오는 곳이었다. 5리쯤 가자 건천乾川을 보게 되었다. 시내 가득히 흰 모래가 깔려 있는데, 모래는 곧 부석水泡石[79]이었다. 큰 돌이 폭포를 이루는 것은 또 모두 색깔이 검은데 울퉁불퉁하고 움푹 패여 지금 사람들이 마석磨石[80]으로 만드는 것이었다. 냇물이 끝났으므로 앞으로 가서 가찰봉加察峯 아래의 발사茇舍[81]에서 유숙했으니 이날에는 85리를 다녔다.

[79]
속돌. 화산이 분출할 때 나온 용암이 갑자기 식어서 된 다공질多孔質의 가벼운 돌. 정원을 꾸미거나 물건을 가는 데 씀.

[80]
숫돌. 맷돌. 돌을 갊.

[81]
초가를 이른다.

아침 일찍 일어나 10리쯤 가자 지형이 차츰 높아졌
으며, 나무는 차츰 드물어졌다. 나무가 다 사라진 곳
에서 올려다보니 백두산이 눈앞에 있었다. 비록 매우
높지는 않았으나 추위가 사람을 못살게 하고 바람이
차츰 세졌으니, 이미 한겨울인 줄 알게 되었다. 1년 내
내 눈이 남아 있어서 풀과 나무가 자랄 수 없는데, 산
정상에 있는 모래와 돌들은 모두 수포석水泡石이었으
니 여기서 비로소 백두산이라는 이름을 얻은 까닭을
알게 되었다.

대저 수포석은 물거품이 단단하게 응고되어 돌이
된 것이니 당연히 바닷가에 있어야 할 터이다. 지금
이 산은 그 높이가 300리나 되고, 바다에서의 거리를
가깝게 잡아도 1000리나 된다. 그런데도 온 산의 돌
이 모두 수포석이었으니 이는 어찌 된 까닭인가. 세상
사물의 이치는 진실로 생각으로 따져볼 수 없는 것이
었다.

아니면 천지개벽을 하기 전 혼돈스런 세상에 이곳
또한 일찍이 바다였던 것인가. 더욱 모를 일이었다. 바

람을 무릅쓰고 앞으로 나갈 때 갑자기 두 마리 사슴이 길을 가로막고 지나자 수행하는 사람이 쫓아갔으나 따라잡지 못하였다. 대개 이 산은 본래 맹수와 새 소리를 들을 수 없고, 오직 고라니와 사슴만 있다고 한다. 분수령에 당도했는데 이곳은 곧 백두산 남쪽 면의 정맥正脈이었다. 그러나 그다지 높지는 않아서 말을 타고 올라갈 만하였다. 위쪽에 있는 작은 돌로 만든 비에 새긴 글은 다음과 같다. "대청大淸 오라烏喇, 길림吉林 지방을 가리킨다. 총관摠管 목극등穆克登이 천자의 명을 받들어 변방을 조사하고 여기에 이르러 살펴보니 서쪽은 압록강이고 동쪽은 토문강이라는 것을 보게 되었다. 그러므로 분수령 위에 돌에 새겨서 기록한다. 강희 51년(1712) 5월 15일 필첩식筆帖式[82] 소이갈蘇爾昌, 통관 이가二哥, 조선 군관 이의복李義復, 조태상趙台

82
청나라 때의 관직명. 각 아문에 소속되어 한족어漢族語와 만족어滿族語로 된 공문서의 번역을 담당했다. 특히 만주어의 번역을 담당한 만주족이 관료로 진입하는 데 주요한 통로로 이용되었다. 공문서의 기록과 번역을 맡았기에 조선의 녹사錄事에 비견되었다.

83
중요한 임무를 부여해 관찰사등이 파견하던 임시 관원

84
백두산정계비白頭山定界碑는 1712년 백두산에 세운 조선과 청나라 사이의 경계비境界碑다. 정계비定界碑라고도 한다. 그 지점은 백두산 정상이 아니라 그로부터 동남방 4킬로미터, 해발 2200미터 지점이었으며, 비면碑面에는 위에 대청大淸이라 횡서하고 그 밑에 '烏喇摠管 穆克登, 奉旨査邊, 至此審視, 西爲鴨綠, 東爲土門, 故於分水嶺, 勒石爲記, 康熙 五十一年 五月十五日'이라 각 서한 뒤 양쪽의 수행원 명단을 열기하였다.

고려 예종 때 윤관 등이
동북여진을 축출하고 새
로 개척한 지역의 동북쪽
경계에 있었던 영嶺. 공험
진公嶮鎭 관할 구역 내에
있었다. 조선 세종 때까지
도 함길도 경원도호부慶源
都護府의 동북쪽 700리에
위치해 경계를 이루었다.
선춘현先春峴이라고 표기
하기도 했다.

1658~1715. 조선 후기
의 문신. 본관은 밀양, 자
는 형성衡聖, 호는 귀암歸
菴. 1703년 경상도 관찰사
에 이어 평안도 관찰사를
지내고 1711년 사은부사
謝恩副使로 청나라에 다녀
왔다. 1712년 한성부 우
윤으로 있을 때 청나라 사
신 목극등의 접반사로 가
서 백두산에 정계비를 세
웠다. 그 뒤 청나라 사신
의 원접사遠接使를 거쳐
대사헌 등을 지내고 병조
판서가 되었다.

相과 차사원差使員[83] 허량許樑과 박도상朴道常, 통관 김응
윤金應潤, 김경문金慶聞."[84]

대개 두 나라의 경계는 본래 선춘령先春嶺[85]에 있었
고, 선춘령에는 고려시중 윤관尹瓘이 세운 비가 있었
다. 그런데 숙종 임진년壬辰年에 목극등이 강희 황제의
어지를 받들고 와서 선춘령에 도착하여 우리나라와
함께 다시 경계를 정할 것을 요구하였다. 조정의 신하
가 모두 먼 지방에 가는 것을 꺼려 온갖 방법으로 요
리조리 뺐다. 판서 박권朴權[86]은 나이가 이미 55세였
다. 그는 힘을 크게 쓰지 못하는 사람이라 원접사로
차출되어 다그쳐 보냈다. 박공이 갑산에 도착해 늦어
생긴 병으로 앞으로 갈 수가 없어 십수 일을 머물게
되니, 목호穆胡가 그것을 염탐하여 알아내고 하루 동
안 밤낮으로 700여 리를 달려와서 분수령에 올라가
독촉하였다. 박공이 어쩔 수 없어 차원과 군관 무리에
게 가서 영접하게 하였다. 목호가 드디어 빗돌을 세워
국경을 정하고 갔으니 이후로는 분수령 이북과 백두
산의 큰 못물이 또한 북호北胡의 땅으로 들어가게 되
었다. 그리하여 우리나라는 앉아서 선춘령을 잃게 되
었으니, 한탄을 이길 수 있겠는가. 이제 지형을 살펴보
건대 분수령 동서쪽에는 모두 큰 골짜기가 있었다. 서
쪽 골짜기에는 잔잔히 흐르는 물이 있는 듯 없는 듯

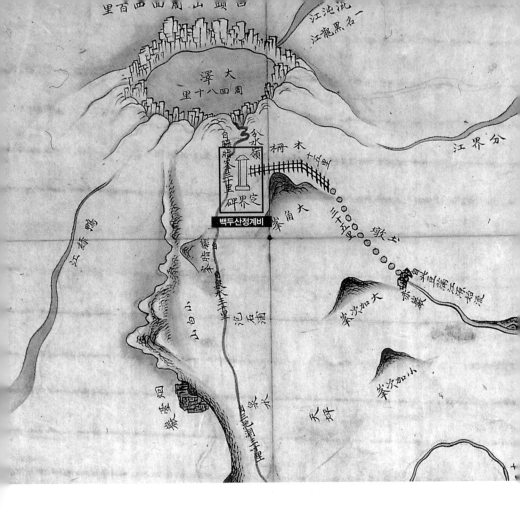

하다가 아래로 내려와서는 압록강 동쪽이 되는데, 물
이 없다. 그리하여 30리 밖에 이르러서야 토문土門이
비로소 발원하여 두만강이 된다. 분수령分水嶺에서 토
문이 발원하는 곳까지 목호가 돌을 모아놓거나 나무
를 꽂아두기도 하며, 흙으로 돈대를 세우기도 해서 경

「북관장파지도」에 그려진
백두산정계비,
71.5×109.7cm,
국립중앙도서관.

87
사군四郡은 여연閭延·우
예虞芮·무창茂昌·자성慈
城을 말함. 조선 세종 때
개척하여 여진족을 막기
위해 설치된 것이었으나,
1455년에 여연·우예·무
창의 3군을 폐廢하였고,
1459년에 자성마저 폐하
여, 이후 폐사군으로 불렸
다. 숙종 때 이곳에 사진
四鎭을 설치하여 방비를
굳건히 하고자 했으나 개
간·봉수封守의 어려움과
초피貂皮·산삼 등의 손실
등 폐단이 있다 하여 중지
되었다.

88
압록강 가의 일곱 고을. 의
주, 강계, 초산, 창성, 삭
주, 위원, 벽동을 이른다.

89
평안남도 성천 운봉리 동
쪽 거룡리와의 경계에 있는
산. 구름이 자주 감돈다 하
여 이런 이름이 붙었다.

90
지금의 함경남도에 있는
삼수三水와 갑산을 아울
러 이르는 말.

계를 정하였다. 분수령이 남쪽으로 뻗어 불끈 솟은 것
이 연지봉臙脂峯인데, 연지봉에도 풀이나 나무가 없고
붉은 돌만 많았으므로 이런 이름을 얻은 것이다. 또
남쪽으로 40리쯤 가면 소백산이 되니, 이곳은 우리
동방東邦 8도의 도맥都脈이고, 백두산 뒤의 지맥支脈이
었다. 소백산맥이 동북쪽으로 뻗어가다가 육진이 되
고 서북쪽으로 뻗어가서는 폐사군廢四郡[87]과 강변칠
읍江邊七邑[88]이 되었으며 동남쪽으로 뻗어가서는 장백
산과 마천산과 마운산摩雲山[89] 등이 되었고, 서남쪽으
로 뻗어가서는 삼갑三甲[90]의 여러 산이 되었다. 분수령
부터는 말을 세워놓고 곧바로 정상으로 올라가니 몇
리에 지나지 않았다. 그런데 바람이 매우 세차서 열
번 넘어지고 아홉 번 자빠지면서 일행이 오르내리는
데, 모두 삿갓을 벗고, 옷을 잡아매며, 서로 붙잡고 끌
고 하면서 산의 움푹 팬 곳을 조금씩 앞으로 나아가
는데, 쌓인 눈이 무릎을 덮으므로 쉬기도 하고 가기
도 하며 정상에 오르니 곧 큰 못의 언덕이었다. 사방
의 벽을 깎아 세운 것이 병풍과 같았는데 절벽 위의
돌 봉우리가 칼이나 창을 뺀 것과 같았으며, 그 높이
는 몇백 길이나 되는지 알 수 없었고, 둘레는 70~80리
나 됨 직하였다. 아래는 움푹 들어가서 큰 못이 되었
는데 물빛이 깊고 푸르렀으나, 초목의 낙엽이 없으므

로 더욱 깨끗해 보였으며 기세가 웅장하여 두려워서 감히 내려다볼 수 없었다. 가깝고 먼 곳의 절벽 색깔이 찬란하여 신이 깎거나 귀신이 새긴 것과 같고, 못의 모양이 지네와 같았으며 서남쪽의 모퉁이를 보면 동남쪽의 모퉁이를 보지 못하게 되고 동남쪽의 모퉁이를 보게 되면 서남쪽의 모퉁이를 보지 못하게 되었다. 남쪽 기슭에는 산비탈이 무너진 곳이 있는데 사냥꾼들이 간혹 위에서 아래로 곤두박질치며 내려와서 못물을 마시고 다시 올라오기가 매우 어려웠다고 한다. 그 북쪽 기슭에는 벽이 터져 틈이 있어 못물이 흘러나와 매달려 흐르다가 폭포가 되어 곧바로 수천 길이나 쏟아지는 것이 있었으니, 이는 혼돈강混沌江의 원류가 되며 일명 흑룡강이다. 오라에 이르러서는 동쪽으로 흘러 바다로 들어간다고 한다. 시험 삼아 눈을 들어 남쪽을 바라보니 삼지三池의 물과 소백보小白寶, 다도봉多桃峯 등의 산이 발밑에 있는 것과 같았으며, 장백산이 500리 밖의 경성 경계에 있었는데, 궤안几案 앞에 있는 것과 같았으며, 동해가 출렁거려서 하늘과 물이 같은 빛깔이므로 구분할 수가 없었다. 한韓씨 성을 가진 사람이 길 가는 사람을 가리키다가 동북쪽 한 끝을 가리키면서 말하였다.

"이것은 의무려 산이니 곧 백두산의 내맥來脈입니다."

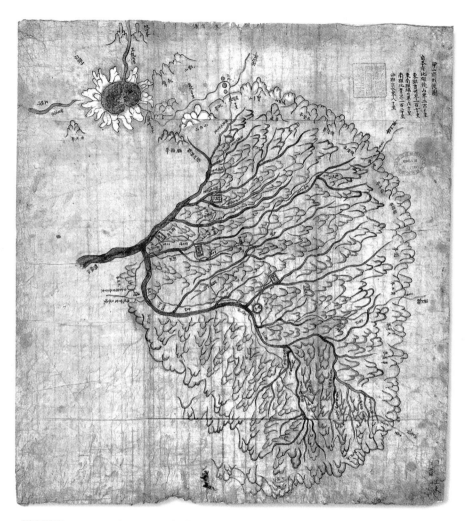

「갑산부형편도甲山府形便圖」, 74.8×69.0cm, 국립중앙도서관. 왼쪽 상단에 백두산과 천지, 그리고 여기서 발원하는 물줄기가 그려져 있다.

그 아래의 텅 비어 넓은 곳을 가리키며 말하였다.

"여기는 심양瀋陽과 요동遼東 등이 있는 곳입니다."

또 정북에 있는 산천을 가리키며 말하였다.

"이것은 선춘령先春嶺이고 이것은 오라이며, 이것은 영고탑寧古塔입니다."

다시 동북쪽을 가리키며 말하였다.

"이곳은 후춘厚春입니다."

손가락으로 또렷하게 가리켰으나 바람과 먼지 때문에 멀리 바라볼 수 없었는데 비록 바람과 먼지가 없더라도 시야에는 한계가 있었으니, 어찌 능히 알 수 있었겠는가.

다만 북쪽을 바라볼 때 서글픈 마음을 금할 수 없는 것은 스스로 연연산燕然山에 돌을 깎아 세워[91] 봉후封侯하려는 만 리의 뜻이 있어서였다. 드디어 산에서 내려와 산중턱에서 조금 쉬었는데, 수행하는 자들이 숙참宿站[92]에서 나무와 물을 지고 와서 불을 때어 물을 데움으로써 굶주림과 추위를 해결하였으니 대개 산 위에는 땔나무와 물이 없기 때문이었다.

내려와서 연지봉에 이르니 이 고을의 수령이 앞서서 이미 주방廚房 사람들에게 점심밥을 이곳에 차려놓게 하였다. 그런데 주방 사람들이 물이 없다는 것을 핑계 삼아 우리를 위해 준비해놓지 않았다. 일행은 배

[91]
적을 크게 깨부수고 기념으로 세우는 비문을 의미한다. 후한 때 두헌竇憲이 북흉노北匈奴의 군대를 크게 물리치고 그 공을 연연산의 바위에 새겼었다.

[92]
숙소참宿所站과 같다. 조선시대에 중앙 관리의 공사公事 출장을 위해 길옆에 만들어놓은 숙소를 말한다.

가 고픈데도 먹을 것이 떨어졌으므로 자루 속에 얼어
붙은 떡 조각을 꺼내 나눠주어서 굶주림을 달랬다.
달려서 천수泉水에 이르러서 그제야 저녁밥을 먹고는
야영해서 유숙하였으니 이날에는 90리를 다녔다. 일
행과 말이 모두 새벽밥을 먹은 뒤 찬바람을 맞아가며
높은 언덕에 올라서 100리 길을 다녔는데도 예사롭
게 여겼다. 북방의 선비와 말들이 굶주리고 목말라도
피곤하게 여기지 않고 산언덕을 오르내린다는 것을
알 수 있었다.

8月 29日

너무 추워서
잠을 자지 못하다

일찍 출발하여 사타봉沙陀峯에 도착해서 점심을 먹
었다. 그런데 요리사들이 계속 고기를 가지고 왔고,
수행하는 사람들이 냇물에서 그물질을 하여 물고기
를 얻었으며, 사냥꾼들이 꿩을 바쳤으므로 일행이 비
로소 고기를 먹어開素[93] 배가 불렀다. 다만 사슴 한 마
리도 사냥질하지 못하였으니 한스러웠다. 저녁에 대
홍단에 도착해서 야영하고 머물러 잤으니 이날에는
95리를 다녔다. 이날 밤에는 날씨가 혹한이라 잠을

자도 눈을 붙일 수 없었다. 그래서 일행이 모두 일어
나 앉아 불을 쪼여서 따듯하게 만들기도 하고 술을
데워 추위를 막기도 하면서 앉아서 새벽을 맞았다.

九月

9月 1日

오랜만에 사람들을
보게 되다

일찍 출발하여 노은산을 지나다가 백두산을 돌아
보니 실망스러운 뜻이 없지 않았다. 장파長坡의 민가에
서 점심 꼴을 먹였는데 네댓 일 사이에 비로소 마을
의 백성을 보게 되니 일행이 모두 기뻐서 자기 고향에
돌아온 것처럼 여겼다. 산골짜기의 백성이 와 모여서
는 귀리떡, 민물고기, 둘죽荳粥, 정과正果 등을 먹여주었
으므로, 진실로 이른바 "예는 조잡하지만 뜻은 진실
하다"는 게 이런 것이었다. 그래서 낙폭지 한 축軸으로
사례하였다. 사냥꾼들이 곰 한 마리를 바쳤으므로 곰
발바닥을 삶아서 일행이 배불리 먹었다.

저녁에 소홍단을 지나서는 다시 신당神堂에 예배를
해 감사의 뜻을 올렸다. 밤에는 강구촌에서 잤으니 이
날에는 95리를 다녔다. 밤에 북병영의 조보 편에 세
번째 편지를 받았는데, 맹현孟峴에 사는 종고모가 15일
에 세상을 떴다는 부고였다.

9月 2日

백두산에 가기 어려운
다섯 가지 이유

처음으로 따뜻한 온돌방에서 잤는데 피곤해서 늦게 일어났다. 고창평古倉坪에서 점심을 먹고 저녁에 무산 관아에 들어가니 해가 아직 지지 않았다. 이날에는 70리를 다녔다. 무산에서 백두산을 갔다 돌아오려면 모두 620리나 된다. 처음에 내가 이 산에 들어올 때에는 옆에서 보는 사람들 가운데 말리지 않은 이가 없었다. 다섯 가지 어려움을 만들어서 이르기를 "반드시 거기까지 가지 못하고서 돌아올 것"이라 했다.

대개 백두산에서 무산까지의 거리는 비록 310리가 된다지만, 산길이 험하게 막혀서 육로로는 500~600리와 맞먹는다. 그러므로 전부터 유람하는 사람들은 반드시 열흘 동안의 양곡을 챙겨야 하니, 그런 뒤에야 갔다 올 수 있다고 한다. 그런데 이제는 시험 날짜가 정해져서 중간에 날짜가 다만 7일뿐인 것이 한스러웠다. 곧 그전에 다녀온다는 것은 틀림없이 그럴 수 있다고 단정하여 말할 수 없으니, 이것이 첫 번째 어려움이었다.

또 비록 7일간의 기한으로 역참을 배정해서排站 곧

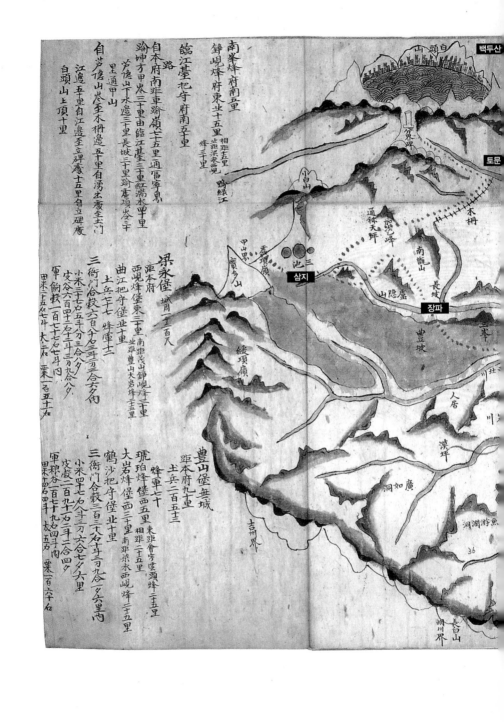

南峯烽府南五里

靜峴烽府東业十五里　业沼浜永西見　烽三千里　相距五里

臨江甚把守府南五里　鴨綠江

路

自本府南罪軍踰嶺七五里由臨江甚三重紅滿水甲里
翰坤方甲岌三十里由臨江甚三重紅滿水甲里
芦德山下水過三十里長城三千里踰鹿項岑千里通甲山

自芦億山岑至木柵過五里自江邊至立碑處十五里自立碑處至五門
江邊五里自江邊至立碑處十五里自立碑處至五門
自頭山上頂十里

梁永堡　垣尚一　距本府
西峴烽堡東三十里　南非長山靜峴烽三重
曲江把守保业十重　业非豐山大岩烽三五里
土兵二十七　烽軍十二

三衙门合蒙六百分名二斗二合六分內
皮谷六百四十二斗二分九合八分
軍餉較一百七斗七名七斗四內
果米一五七七斗　大米一百五十六

豐山堡無城
距本府九十里
土兵二百五十三
烽軍七十

琥珀烽堡四五里　東非會宁堡頭烽二五里
大岩烽堡西三十里　南非梁永西峴烽二五里
鶴沙把守保业十里　相距二五里

三衙门合蒙三百二斗名二斗六合七名二斗六里黑
皮谷二百四十二斗名二斗二合四夕
軍粮谷一百十九斗四斗內
果米十五百四十　太五斗
果一百六十石

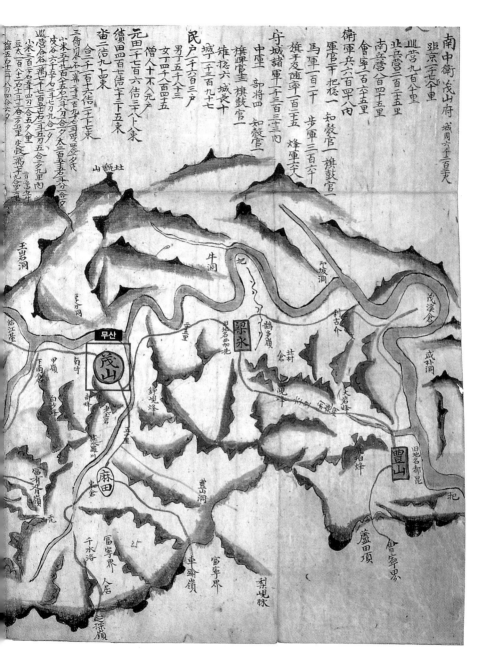

南中衛茂山府 城周六千二百尺

距京二千七百里
巡營九百五十里
北兵營二百五十里
南兵營合四百里
會寧一百六十五里
衛軍兵六百甲八內
馬軍一百二十 一知穀官一
軍官千把摠一 知穀官一
旗手及隨率一百四十
步軍三百六十 旗鼓官一
守城諸軍一千三百三十內
雉堞六城垜十
中軍一 部將四 旗牌官一
烽軍六十
民戶一千七百三十二戶
男一千五百二十三
女一千四百四十五
僧人十不八元戶
元田二千七百六結三十八束
續田四百七結二十五束
苗...

玉岩洞　山巓上　牛洞　不坡洞　茂漢倉　咸朴洞　梁永　鵲多嶺　剣古介　苗江蕝　무산　茂山　南峯　甲嶺　白砂嶺　下南峯　錦嶺烽　麻田　東倉　天岩烽　荒珀烽　豐山　豐山洞　冨寧界　富寧界　車踰嶺　梨峴脉　千水洛　蘆田項　會寧界

「무산」, 33.7×21.4cm, 국립중앙도서관. 지도 상단 좌측과 왼편에 주요 군현 간의 거리, 위군·군관 마군·기수 및 수졸 등과 민호·원전·속전·답 등이 적혀 있다.

바로 간다 하더라도 깊은 산중에서는 갠 날이 항상 적다. 만약에 한번 눈이라도 내리면 곧바로 오도 가도 못하게 되어 장차 낭패를 볼 염려가 있으니, 이것이 두 번째 어려움이었다.

깊숙한 골짝 200리는 사람이 없는 곳이고, 쓰러져 있는 나무가 가로놓여서 가시나무들이 길을 막고 있으므로 반드시 가시나무들을 잘라 없애고 깎아낸 뒤에야 길을 통과할 수 있다. 무너진 낭떠러지와 깎아지른 듯한 언덕이 있으며 시내는 진흙투성이이므로 반드시 나무를 베어다가 다리를 놓은 뒤에야 무사히 건너갈 수 있다. 그런데 수삼일 내에 수삼백리 밖에까지 백성을 부리더라도 기한에 맞춰 공사工事를 마칠 수 없으니, 이것이 세 번째 어려움이었다. 올해는 일찍 추워져서 산 위의 눈이 쌓인 지 이미 오래되었다. 비록 산 아래에 이른다 해도 가까운 거리조차 빈드시 통과할 수 없을 것이니 산 위로 올라갈 길이 없으며,[1] 비록 산 위에 이른다 하더라도 또 먼지바람과 구름, 안개 등으로 큰 못물을 내려다볼 수 없게 될 터이니, 이것이 네 번째 어려움이었다.

서울에서 떠난 뒤 날마다 급히 달려오고, 시역試役에 몰두해서 하루도 쉬는 날이 없었다. 그런데 또 만약 7일간이나 산행하고 나흘 밤이나 노숙하며 3일간

1
"비록 산 아래에 이르더라도 반드시 가까운 거리를 통하지 않으면 산 위로 올라갈 수 없고"로 해석할 수도 있다.

이나 반찬 없는 밥을 먹게 된다면 곧 생각지도 않던 우환이 있을까 두려우니 이것이 다섯 번째 어려움이었다.

그 말들이 모두 이치가 있었다. 그러나 나는 그 말을 다 듣고서도 못 들은 체하고 단호히 결정해서 길을 떠나 출발하였다. 종성의 수령이 혼자 머물러 있기 어려워 나를 따라 길을 떠났으며, 이 고을의 수령은 도중에 낭패되는 일이 있을까 염려하여 또한 따라나왔으니, 일행을 따져보면 말이 20여 필이고 사람이 50~60명이나 되었다. 그런데 나를 따라서 대택大澤(천지)에까지 오른 사람은 10명도 되지 않았다. 부역賦役을 치르러 나가 일하는 백성이 끼니때마다 수삼십 명 되었으니, 백성과 고을에 끼친 폐단이 또한 적지 않았다. 다행스러운 것은 다섯 가지 어려움 가운데 하나의 낭패도 없게 된 일이었다. 산에 올라가는 날에는 끼었던 구름이 걷히고 못물이 거울과 같아서 굽이굽이 내려다보게 되었으니, 알 수는 없지만 나는 과연 신선과 인연이 있는 것인가. 수행하는 사람들 중에는 지난날 산에 올라왔던 이도 많았으므로 모두 말하였다.

"일찍이 이처럼 날씨가 좋아서 찬찬히 볼 수 있을 때가 없었소."

가지고 온 자루 안에는 옛사람의 유산기遊山記 3~4부

가 있었는데 모두 이르기를 "구름이 가려서 마음껏 구경할 수 없었다"고 했으며 김사홍金士鴻[2]의 유산기에서도 "다만 대택의 동남쪽 모서리만 볼 수 있다"고 하였으니, 직접 사홍의 손을 잡고 와서 이 신선의 인연을 자랑할 수 없는 것이 한스러웠다.

9月 3日

부령에 도착하다

일찍 출발하였다. 부령富寧의 시읍試邑[3]으로 가려면 무산에서의 거리가 하루하고도 반나절이 되는 길인데, 내일이 곧 시험 보는 날이다. 그런 까닭에 말을 빨리 달려가서 마전역麻田驛에서 점심을 먹고, 폐무산廢茂山에서 말에게 먹이를 주었다. 약긴 어두워지자 부령에 도착해서 객관에 들어가 있었으니 이날에는 145리를 다녔다.

9月 4日

논제와 의제를 내다

2
사홍은 김선金鏴(1772~1833)의 자다. 그는 김려金鑢(1766~1821)의 아우로, 호는 서원犀園이다. 1797년 형 김려와 함께 강이천姜彝天 비어蜚語 사건에 연루되었고, 이어 1801년 신유옥사 때는 초산楚山에 유배되는 등 초년에는 형과 함께 불우한 시절을 겪기도 했다. 그는 평소에 소품체 문학을 창작하는 데 주력하며, 김려의 문학 노선을 충실하게 따랐다.

3
조선시대에 도에서 향시를 보일 곳으로 정한 고을을 이른다.

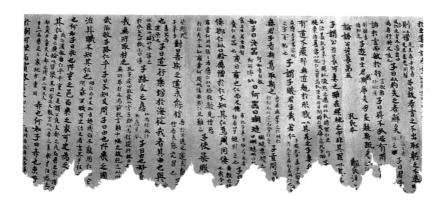

당나라 때의 필사본인
「논어」.

4
유방劉邦이 처음 함곡관
으로 들어갔을 때 여러 군
사는 보물을 다투어 취하
였으나 소하는 홀로 진秦
나라의 지도와 호적을 거
두었다. 천하가 평정되자
한漢에서 그 요해지와 호
구를 전부 알 수 있었던
것은 소하의 공로였다.

5
「논어」「공야장公冶長」 "千
乘之國, 可使其治賦也."

6
「논어」「헌문憲問」 "子曰: '管
仲相桓公, 霸諸侯, 一匡天
下, 民到於今, 受其賜. 微管
仲, 吾其披髮左衽矣.'"

날이 밝자 문을 열고서 시험장을 설치했다. 논제論題는 "소하蕭何가 관문關門(함곡관函谷關)으로 들어오자, 먼저 지도地圖와 호적戶籍을 거두었다"[4]였고, 의제疑題는 두 문제였다. 첫 번째 문제는 "'천승千乘의 나라에서 부세賦稅를 다스리는 것'은 자로子路의 재능이었고,[5] '한 번 천하를 바르게 한다고 한 것'[6]은 관중管仲의 공이었다. 천승은 일광에 대해서 진실로 미치지 못할 것이 있다. 그렇다면 증서曾西가 자로는 추존하였으되, 관중과 비교하는 것을 수치로 여겼던 것은 어째서인가?"였고, 두 번째 문제는 "공손추가 처음에 맹자에게 물을 때 관중과 안자를 함께 거론했는데, 맹자의 답이 단지 관중만 말한 것은 어째서인가?"였다. 시권을 거둔 것이 모두 240여 장이었다. 채점을 다 마치고 밤에 푹 잤다.

9月 5日

부제와
표제를 내다

날이 밝자 문을 열고 시험장을 설치하였다. 부제賦
題는 "윗사람은 정성으로 아랫사람을 사랑하고 아랫
사람은 정성으로 윗사람을 섬기면서도, 윗사람이나
아랫사람이나 그 까닭을 알지 못하였다"[7]였고, 표제表
題는 "우虞나라의 여러 신하가 우임금의 기주冀州를 축
하했지만 어디서부터 어디까지라는 경계를 말하지
않은 것은 그렇게 함으로써 왕 노릇 하는 자가 도외시
하는 것이 없다는 뜻이다"였다. 시권을 거둔 것이 270여
장이 되었는데, 절반 넘게 채점을 했다. 길을 걸어 매
우 피곤해서 밤새도록 곤하게 잤다.

9月 6日

책제를 내다

아침에 우레가 치고 비가 내렸다. 날이 밝자 문을
열고 시험장을 설치하였다. 책제策題는 "과거科擧의 법
을 묻노라"였다. 시권을 거두니 66장이 되었다. 시험
채점을 거의 다 했다.

9月 7日

합격자
방을 걸다

　등수를 매겨서 방을 내건 뒤에 경성 판관이 먼저
돌아갔다. 저녁에는 기생의 풍류를 보았으며 밤에는
동헌으로 장소를 옮겼는데 이우회李禹會가 와서 두 번
째 편지를 받아보았다.

9月 8日

괘검정에
올라가다

　경원 수령과 온성 수령, 훈융 첨사가 모두 병영에서
와서 지나가다 들어와서는 잠시 만나보고 떠났다. 오
후에 관아 뒤에 있는 괘검정掛劍亭에 올랐다. 지형이 절
벽처럼 사면을 깎아놓은 것과 같았으므로 고을의 터
를 내려다보니 하나도 막힌 곳이 없기에, 바로 정자를
둘 만한 곳이었다.

9月 9日

잔치를 열다

비가 내렸다. 오늘은 곧 왕과 왕후兩殿의 존호로 음식을 드리며 하례를 베푸는 날이었다. 이 고을의 수령이 기생의 풍류와 술과 안주를 베풀어서 함께 경축하는 뜻을 보였으므로 하루 종일 기쁘게 잔치를 하고 마쳤다. 북우후北虞侯 정방채鄭邦采가 부임하는 길에 와서 만나보았으며, 무산의 수령도 복검覆檢[8]을 하고 돌아가는 길에 와서 보았다.

9月 10日

중군이 약재와
담배를 보내오다

북우후와 무산 수령이 모두 떠난다고 보고해서, 동당東堂의 합격자 명단 등의 문서를 가져가게 했다. 함흥 중군中軍의 편지가 있었는데 약재와 담배를 함께 보내왔다.

8

조선시대 사체검험死體檢驗의 한 절차로 행하던 제도. 살인 사건이 발생하면 당해 수령이 사건 현장을 보존하여 피해자의 시신과 상처 등 사망 원인을 검증하고, 아울러 피의자·피해자의 친족·증인 등을 심문, 조사하는 것을 검험이라 했는데, 최초의 검험을 초검初檢이라 칭하고, 초검이 끝나면 반드시 복검을 했다. 의심 나면 4검까지 하게 되는데, 그중에서 복검을 가장 중요시했다. 복검을 할 때 한성부에서는 낭관이 참검인參檢人이 되어 형조의 집리·서리와 함께 행하고, 외방에서는 겸관兼官이나 인근의 수령이 행하였으며 복검장覆檢狀은 형조에 올렸다. 복검에 의해 실인이 밝혀지고 죽은 자나 피의사에게 억울한 일이 없게 한다는 뜻을 강조하여 통상적으로는 '검복檢覆'이라 하였다.

9月 11日

재필당에 머물다

길을 떠나 수성에서 점심을 먹고 경성에 이르러 다시 재필당載筆堂에 머물렀다. 이날에는 100리를 다녔다.

9月 12日

순제의 시험 문제를 출제하다

들어와 병상을 배알하고 열 개 고을에서 치러질 순제旬題⁹에 시부詩賦 각 4수씩을 내게 했다. 시제는 "내가 전에 갈 때에는 버들이 무성하더니 이제 내가 돌아올 때 눈보라가 뿌리네"¹⁰였고, 다음 시제는 "하늘에 새로 비가 내리니 길에는 사람이 적네. 사마계주司馬季主¹¹가 한가히 앉았는데 제자 두세 사람이 그 옆에서 모시고 있네"였으며, 다음 시제는 "회수淮水는 동백산桐柏山에서 흘러나와 동쪽으로 멀리멀리 달려서 천리를 쉬지 않는데, 파수把水는 그 옆에서 나오지만 천리를 흐르지 못하고 백 리쯤 가다가 회수로 접어드

9
성균관이나 향교에서 유생에게 10일마다 보이던 시문詩文 시험.

10
『시경』「소아小雅」'채미采薇'.

11
한漢나라 때의 은사隱士로 장안長安의 동시東市에서 점을 치는 것을 업으로 삼았던 사람이다. 『사기』「일자열전日者列傳」참고.

네"[12]였고, 그다음 시제는 "그대는 보지 못했는가? 황하의 물이 하늘에서 오는 것을"[13]이었다. 부제는 "황새가 개미둑에서 울자, 아낙은 집에서 한탄하다"[14]였고, 다음 부제는 "점집 안에서 노닌다"[15]였으며, 그다음 부제는 "행과 불행"이었고, 그다음 부제는 "사람 같은 것이 산모퉁이에 있도다"[16]였다.

9月 13日

다섯 번째 편지를
보내다

병영에 있는 교리校理 편에 다섯 번째 편지를 보냈다.

9月 14日

활 쏘는 것을
구경하다

객관에 나가 앉아서 교위校尉들이 활 쏘는 것을 구경하였다. 무사 60인이 두 무리로 나누어 짝지어서 활을 쏘아 서로 능력을 다투었으니 또한 볼 만하였다.

12
한유韓愈, 「동생행董生行」

13
이백, 「장진주將進酒」

14
『시경』 「빈풍豳風」, 「동산東山」

15
『사기』 「일자열전」 "宋忠賈誼二人即同興而之市, 遊於蔔肆中"

16
『초사楚辭』 「산귀山鬼」

「북일영도北一營圖」,
김홍도, 종이에 엷은색,
32.3×43.7cm, 조선 후기,
고려대박물관.

망궐례를 행하였다.

9月 16日

사냥 구경

자시子時에서 인시寅時까지 일식日食이 있었다. 회령會寧에서 과거 보러 온 선비 편에 여섯 번째 편지를 부쳤다. 밥을 먹은 뒤 망해정望海亭에 올랐다. 정자가 서쪽 산 중턱에 있어서 성안을 내려다보고 있으며, 동쪽으로는 바다 밖을 임하고 있는데 넓어서 매우 기뻤다. 이

「매사냥 몰이꾼」,
스텐 베리만,
함경북도 주을,
1935년 촬영.

어서 매사냥하는 것을 보았는데, 이교吏校[17]로부터 도어徒御[18] 이하가 산 숲을 샅샅이 수색해서 꿩 여섯 마리를 잡아 불에 돌을 달궈서 구워 먹었다. 세 마리의 노루가 앉아 있는 앞쪽을 치고 지나가는데 사냥개가 뒤쫓았으나 못 잡으니 원망스러웠다.

9月 17日

국세필의 집터에 가보다

동쪽 문의 누대에 올라 해 뜨는 것을 구경했다. 바다 안개가 약간 끼어서 실컷 보지는 못했다. 그러나 내가 관동에서 유람할 때에 며칠 동안 새벽에 일어났으나 오히려 오늘 본 것만 못했다. 최중암崔重巖이 와서 네 번째 편지를 받아보았다. 그 마을 사람들이 동문 안에 있는 연못을 가리키면서 말하기를 "이것은 곧 임진왜란 때의 역적인 국세필鞠世必[19]의 집터요"라고 하였다.

17

조선시대의 신분 계급의 하나로, 이서吏胥와 군교軍校를 통칭하는 말. 관료 계급과 평민 계급의 중간을 차지했다.

18

수레를 끌고 말을 모는 사람.

19

경성鏡城의 사노寺奴 국세필이 반역하여 왜군이 주는 관작을 받으며 성세聲勢를 넓히고 있었다. 정문부鄭文孚는 숨어 있다가 이붕수李鵬壽(1548~1592)가 의병을 일으킨다는 소리를 듣고 어랑리 이붕수 집으로 달려와 최배천崔配天·지달원池達源·강문우姜文佑 등과 함께 이를 저지하기로 하고 창의대장倡義大將이 되어 300여 명을 모집했다. 그리고 부성府城의 국세필을 달래서 의병군들을 성안으로 끌어들여 성 남쪽에서 노략질하는 왜적을 물리치고 성을 수복하는 데 성공했다.

「창의토왜도倡義討倭圖」, 『북관유적도첩』, 종이에 색, 41.2×31.0cm, 17〜18세기경, 고려대박물관. 임진왜란 때 의병을 일으켜 일본군을 물리친 정문부의 일화를 그린 그림으로, 아래쪽에 기마병들이 활을 쏘며 일본군을 쫓는 장면이 묘사되어 있다.

20
발관은 상급 관아에서 하급 관아로 관문을 보내는 것을 말한다. 관문은 조선시대에 동등한 관부 상호간, 또는 상급 관부에서 하급 관부로 보냈던 공문서를 일컫는 말이었다.

21
조선시대에 품계가 없는 하급 무관.

22
도道나 군의 장교 혹은 이속들이 새로 부임하는 감사나 수령을 그의 집으로 가서 맞아오는 일.

23
삼년상을 마친 뒤의 첫 기제.

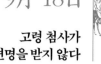

9月 18日

고령 첨사가
연명을 받지 않다

고령 첨사 이정회李井會는 내가 부임하는 길에 병영에서 연명延命을 하는데 나와보지도 않았다. 내가 곧바로 길을 떠나야 했으므로 관문을 보내發關[20] 병교兵校[21]를 붙잡아오게 하였다. 첨사僉使는 내가 수성에 도착했을 때 도로 와서 사과하며 말하였다.

"신연新延[22]을 담당할 이교가 없었으므로 북평사가 이 고을에 있어도 아무 소리를 하지 않아 이 사실을 몰랐었소."

물론 이상하게 여길 것도 없겠지만, 무인이 거친 것이 모두 이와 같으니 우습다. 병교를 붙잡아오는 일은 특별히 우선 놔두게 하였다.

* 첨사는 종3품 무관이고, 북평사는 6품직이지만 문신이다.

9月 19日

상여날

오늘은 곧 상여喪餘[23]다. 객관에서 이 일을 생각하니 더욱 슬픈 마음이 끝이 없었다. 이우회李禹會가 돌아가겠다고 알려서 일곱 번째 편지를 부쳤다.

24
함경북도 남쪽 끝에 있는 도시. 1701년에 방어영防禦營을 설치했고, 1746년에는 진鎭을 두었다. 동해 무역항으로 콩·쇠가죽·흑연·대리석·금·생선·쌀 등의 산물이 많이 났다.

25
위기胃氣를 바로잡고 음식이 체한 것을 치료하며 한학寒瘧·식학食瘧·장기를 다스리는 처방이다.

9月 20日

감기를 심하게 앓다

감기를 앓아서 몹시 고통스러웠다. 성진[24] 첨사城津僉使가 와서 만나보았다. 정기산正氣散[25]을 복용하였다.

9月 21日

**하루 종일
눈이 내리다**

감기를 앓았다. 새벽부터 눈이 내려서 하루 종일 그치지 않았다. 정기산을 복용하였다.

9月 22日

**성진 첨사가
돌아가다**

감기를 앓았다. 성진 첨사가 돌아갔다. 정기산을 복용하였다.

9月 23日

백일장을 열다

병세에 약간 차도가 있었으므로 백일장을 차렸다.
시제는 "최씨·지씨[26] 두 사람을 만나서 동행하다가 어
랑漁郎의 무계武溪에 이르러서 이의사李義士[27]의 집을
방문하다"였고, 부제는 "그대는 장관壯觀을 하지 못했
는가"였으며, 고풍제古風題는 "원수대"였다. 시·부·고풍
각각 15인씩을 뽑아 합격자를 불러서 잔치를 베풀어
주었으며, 상으로 종이·붓·먹을 주고 마쳤다.

9月 24日

이의근을
만나다

고령高嶺의 이전 첨사였던 이의근李義根이 와서 만났다.

9月 25日

때이른 큰눈

큰 눈이 몇 자쯤 내렸다. 9월에 큰 눈이 이미 두 차
례나 내렸으니 북방의 추위를 알 만하였다.

9月 26日

**병상이 베푼 잔치에서
놀다**

　병상兵相이 크게 기생의 풍류를 베풀고 초청해서 그
자리에 나아가 실컷 놀고 돌아왔다.

9月 27日

글씨를 써주다

　요즈음 고을 사람들이 많이 와서 병풍 글씨나 족자
글씨나 벽에 붙이는 글씨를 요구하였다. 요구
하는 대로 써주었으니 또한 충분히
시간을 때울 만한 거리가 되었다.

9月 28日

**여덟 번째
편지를 부치다**

　고령高嶺의 이전 첨사가 올
라가는 편에 여덟 번째 편지
를 부쳤다.

28
나라의 기쁜 일을 맞아 죄
수를 석방할 때 임금이 내
리던 글을 이른다.

29
정약용의 『경세유표』에 "지
금 북도 절도사는 기후가
화창하면 경성鏡城에 들
어가고 바람이 사나우면
종성 행영鍾城行營(회령
동쪽에 있다)에 나와서 있
는데 이제는 경성을 포정
사로 만들고, 종성 행영은
그대로 행영으로 만들어
두는 것이 참으로 알맞겠
다"라는 구절이 나온다.

9月 29日

채점을 하다

이 고을에서 보는 순제에 채점을 해서 내주었다. 명
천에서도 시권을 거두어서 보내왔으므로 등수를 매
겨서 보내주었다.

9月 30日

병상을 찾아뵙다

회령의 한택검韓澤儉이 와서 다섯 번째 보낸 편지를
보았다. 기주記注 서정순徐程淳의 부고를 들으니, 참담
해서 차마 말할 수가 없었다. 점심때 왕과 왕후의 존
호로 사면赦文[28]하는 글이 내려왔다. 그러므로 5리 길
을 나가서 공경스럽게 맞이하고 객사로 따라 나아가
하례賀禮에 참여하였다. 저녁에 들어가서 병상에게
배알했으니 대개 내일 행영行營으로 옮기기 때문이었
다.[29]

十月

10月 1日

병상이 행영으로
옮기다

망궐례를 행하였다. 병상이 행영으로 옮기는 행차
가 출발하였다. 경원慶源에서 치른 순제 시험지를 와
서 바쳤으므로 등수를 매겨 보내주었다.

10月 2日

백성을 괴롭힌 자들을
치죄하다

원례院隷[1] 김학성金鶴聲이 유배지로 가는 길에 여섯
번째로 보낸 편지를 보았다. 고을 안의 아전과 백성이
악한 일을 행하여서 백성을 학대한 자들에게 약간의
징치懲治를 가하였다.

10月 3日

강상국을
만나다

북쪽을 순행하는 행차를 떠나 수성에서 점심을 먹

1
조선시대에 승정원에 속한
하인.

2
1778~1849. 조선 후기
의 학자. 본관은 진주晉州.
자는 백휴伯休, 호는 능호
菱湖. 김려金鑢·이우신李
友信의 문인이다. 1824년
에 경학經學으로 천거되
었고, 1828년에 다시 별
천別薦되었으며, 1840년
에 안릉 참봉에 임명되었
으나 나아가지 않았다. 그
가 부령향교富寧鄕校 장의
掌議로 있으면서 유림들과
함께 김제겸金濟謙의 사우
를 청암靑巖 도곡陶谷에
창건할 것을 결정했고, 또
한 부령에 호환虎患이 심
할 때 군수인 조관석趙寬
錫에게 호랑이 덫 설치를
요청, 몇 달 사이에 수십
마리를 잡아 없앴다. 저서
로는 『능호집菱湖集』1책이
있다.

고 저녁에 부령에서 잤다. 오랫동안 한가했던 터에 또 갑자기 말을 달리니 피곤함이 도리어 연일 행역行役을 할 때보다 더 심했다. 이날에는 100리 길을 다녔다. 이 고을 사람인 강상국姜祥國[2]은 그 학행이 있어 지평砥平[3]의 산림山林에서 일찍이 그에게 예물을 가지고 경의를 표했다고 들었다. 그러므로 지난번에 왔을 때에 아전을 보내 안부를 묻고 만나보기를 요구했지만, 병을 핑계삼아 오지 않았다. 이제 또 여러 차례 만나기를 요구하자 비로소 와서 만났다. 그런데 사람됨이 어눌하고 청아했지만 진실로 가난을 달게 여기며 학문에 힘쓴 사람임을 알 수 있었다.

10月 4日

친기위의 기예를 시험하다

염객廉客[4]을 가칭한 자를 무산에서 잡아왔다. 그에게 형벌을 행하여 곤장을 때려서 자복自服을 받아낸 뒤 열 개 고을에 옮겨 보내서 그로 하여금 돌아가면서 형벌을 받게 하였다. 밥을 먹은 뒤 연무청錬武廳에 나와 앉아서 친기위 소속 여러 무사의 유엽전柳葉箭,[5] 기추騎蒭, 기창騎槍,[6] 월도, 쌍검 등의 기예를 시험하였

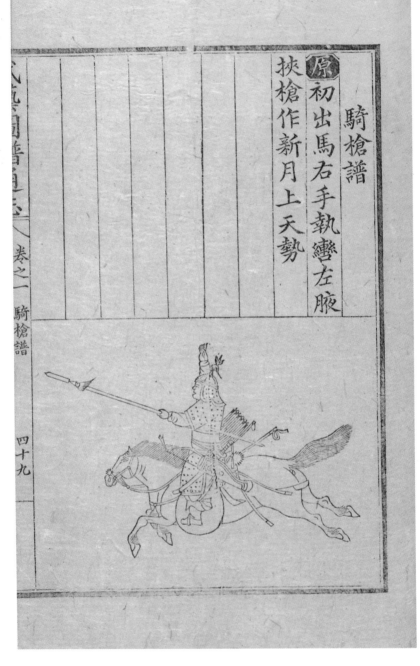

騎槍譜

〔原〕初出馬右手執轡左腋
挾槍作新月上天勢

四十九

으며, 이어서 미곡米穀과 전죽箭竹 등으로 상을 내렸다. 이 고을에서 열린 순제에 채점해서 내주었다.

10月 5日
당숙의 옛날 기녀를 만나다

옥당玉堂의 하인 어치명魚致明이란 자가 단천의 유배지로 가는 길에 말미를 얻어 찾아와서 만나보았다. 그런데 "서울로 올라가는 길입죠"라고 하기에 아홉 번째로 쓴 편지를 부쳤다. 해질 무렵 길을 떠나 30리를 가다가 15리는 가마를 타고 무산령茂山嶺을 넘었는데, 무산령의 길이 그다지 높지는 않았으나 겨우 고개를 넘자마자 바람이 매우 사나웠다.

한기가 살을 에듯이 몹시 추웠으니, 남쪽과 북쪽의 기온이 전혀 딴판이었다. 고풍산진古豐山鎭에서 잤으니, 고풍산진은 곧 회령 땅이었는데 무령茂嶺의 관방關防이 있기 때문에 성을 쌓고 진지를 설치한 것이었다. 진장鎭將인 강한준康漢俊은 곧 중국 사람인 강세작康世爵[7]의 후손이었다. 그러므로 그 할아버지의 사적에 관한 책을 가져다 보고 돌려주었다. 회령의 퇴기退妓인 해옥海玉이 나와서 서로 만났으니 곧 병사였던 당숙이 돌보던 자인데, 데리고 와서 서울에 두었다가 당숙이 세상을 떠난 뒤에 도로 돌아왔다. 내가 왔다는 말을 듣고 중간쯤 되는 곳에 와서 맞이하여 눈물을 흘리면서 옛날 일을 이야기하자 나도 모르게 서글프고 불쌍하였다. 이날에는 60리를 다녔다.

10月 6日

회령부의 쓸쓸한 경치

아침에 일찍 길을 떠나 회령부會寧府에 들어갔다. 성첩城堞과 누로樓櫓[8]가 아주 큰 고을이라고 이를 만한데

8
적을 망보는, 지붕이 없는 전망대다.

회령의 거리.

북호北胡의 산이 펼쳐져 있고, 한기寒氣가 참담하고 나무들이 아주 드물어서 경치가 매우 쓸쓸하였다. 척수헌滌愁軒에 들어가서 머물렀으니 곧 객관客館이었다. 큰 들이 앞에 둘러져 있고 두만강이 뒤에 흘러서 매우 상쾌하게 툭 터졌는데 차가운 북쪽 바람이 집을 흔들어댔으니, 겨울에 거처하기에는 크게 마땅치 않았다. 이 고을의 수령인 이관식李觀植은 발병足病이 있어서 나올 수 없었다. 당숙이 거기에 왔을 때 향무鄕武의 일을 맡겼던 사람을 모두 불러 보았다. 그런데 그중 한택검은 군관과 전령에게 명함을 내게 하였다. 이날에는 60리를 다녔다.

10月 7日

백일장을
설치하다

9
반초班超를 가리킴.

백일장을 차렸으니 시제는 "오국성관五國城館에서 반정원班定遠(한漢의 명장名將)[9]이 고생스럽게 살아서 돌아가게 해주기를 애걸한 것을 비웃는다"였고, 부제는 "그윽한 울분은 예나 이제나 같다"였으며, 고풍제는 "척수헌滌愁軒"이었다. 이어서 교장敎場으로 나가 활을 쏘고 말 달리는 여러 기예를 시험하고, 친기위의 말을

점고하였으며 호관胡館을 두루 구경하였다. 돌아와서
는 곧 시권에 고과를 매겨서 방을 내걸었는데 각각 15인
씩 뽑았다. 유생儒生에게는 곧 합격자를 불러 잔치를
베풀어주고 종이·붓·먹을 시상했으며, 무사武士에게
는 화살과 곡식으로 시상하고 끝마쳤으니 시詩의 장
원은 윤병모尹秉模였고, 부賦의 장원은 오종흡吳鍾翕이
었다.

10月 8日

고을 수령의 요청으로
시험 문제를 내다

애초에는 오늘 불하진聖下鎭을 가서 보려고 했으니,
곧 오국성五國城[10]이다. 눈보라가 아주 세차서 문을 나
설 수 없으므로 일단 멈춰 있었다. 이 고을의 수령이
거접에게 백일장을 보이므로 이 유생들이 모였을 때
를 틈타 시취試取[11]를 간청하였으니 또 시험장을 설치
하였다.

시제는 "사람이 되어 주남周南과 소남召南(『시경』「국
풍」)을 읽지 않으면 그것은 바로 담에다 낯을 두고 있
는 것과 같다"[12]였고 부제는 "민속의 가요를 채집한 것
을 일러서 풍이라 한다"였다. 열 사람을 뽑았는데, 시詩

10
현재의 흑룡강 부근에 있
는 성이다.

11
첫째, 시험을 봐서 인재를
뽑음. 둘째, 조선시대에 무
재武才를 시험하여 인재를
등용하는 것을 말함. 여기
서는 전자의 의미다.

12
『논어』「양화陽貨」에 있는
구절이다.

의 장원은 오능준吳能濬이었고, 부賦의 장원은 오종흡
이었다. 이 고을 수령이 풍악을 성대하게 차렸으니, 점
심때 시작해 밤이 깊어서야 마쳤다.

10月 9日

황제총을 보고
감회에 젖다

이 고을에서 치러진 순제의 채점을 마쳐서 내주었
다. 유생들이 다시 제목을 내달라 하므로 또 네 개의
제목을 만들어주었다. 첫 번째 문제는 시와 부 같은
제목으로 "기린은 달리는 짐승, 봉황과 나는 새, 태산
과 개밋둑, 바다와 고인 물은 모두 같은 종류다"[13]였
고, 두 번째 문제는 "선비는 나라의 원기元氣"였으며, 세
번째 문제는 "소하蕭何에게 관중關中을 지키게 하였다"
였고, 마지막 문제는 "훌쩍 날아 세상을 버리고 홀몸
이 되어 날개를 달고 신선이 되어 하늘로 오르는 것만
같다"[14]였다.

해질 무렵 출발해 고령진高嶺鎭에서 점심을 먹었다.
고령진은 두만강을 눌러 보고 있는데 곧바로 고라이
古羅耳의 길을 마주하고 있다. 앞에는 큰 산으로 막혀
있으며, 산 앞에는 큰 무덤이 있었으니 민간에서 전하

13
『맹자』「공손추상公孫丑上」
에 나오는 구절이다.

14
소식蘇軾의 「적벽부赤壁
賦」에 나오는 문구다.

는 말에 이릉李陵의 무덤이라 하였다. 곧 북호 오랑캐
들이 나오는 요충지였으므로 중진重鎭[15]을 설치한 것
이었다. 첨사 이정회李井會가 나와서 만나보았다.

또 20리를 가서는 이른바 황제총皇帝塚[16]이라는 곳
을 보았다. 송사宋史를 살펴건대 금金나라 사람이 휘종
徽宗[17]과 흠종欽宗[18]을 잡아가지고 북쪽으로 돌아가서
오국성에 유폐를 하였다. 그런데 고종高宗 소흥紹興 5년
을묘에 휘종이 죽었고, 12년 임술에 관棺[19]이 돌아왔
으며, 26년 병자丙子에 흠종이 죽었다고 한다. 관은 이
미 돌아오지 못했다. 그러므로 옛날 늙은이들이 대대
로 전하기를, 이것이 흠종의 무덤이라 하였다. 그런데
크기가 구릉丘陵과 같아서 높이가 5~6길이나 됨 직하
였으며, 옆에는 다닥다닥 100여 개의 무덤이 있었으
니 모두가 수종하다 죽은 시신侍臣들의 무덤이라 한다.
대개 흠종이 죽은 것은 지금으로부터 700여 년이 지
난 일이다. 이 지역은 오랫동안 번호蕃胡에게 함락되었
다. 그런데 우리 조선에 들어오자 김종서金宗瑞가 육진
을 개척한 뒤 오국성이 비로소 우리 국경에 속하게 되
었다. 그때부터 옛 노인들이 서로 전하여 지금에 이르
고 있으니, 곧 '황제총'이라는 것이 믿을 만한 듯하다.
그러나 일찍이 만승 천자였는데 하루아침에 몽진蒙塵
하여 석 자밖에 안 되는 거친 무덤이 남의 나라에 있

15
국가 방위에 중요한 위치
를 차지하는 군사적 요충
지에 설치한 군진軍鎭.

16
함경북도 회령에 있는, 중
국 송宋나라의 황제 흠종
의 무덤. 함경북도에 여진
족이 살 때, 흠종이 금나
라에 잡혀 죽어서 여기
에 묻혔다. 회령의 황제총
이란 회령 고령진 동쪽 산
골짜기에 있는 것을 말하
는데, 주변에 딸려 있는
묘가 많다. 민간에서는 그
것이 송나라 휘종과 흠종
의 묘이고, 딸린 묘들은
그 신첩臣妾들의 묘라고
전해온다. 성대중의 『청성
잡기』 참고.

17
1082~1135. 중국 북송의
제8대 황제. 신종神宗의
아들. 취미趣味와 도교 신
앙에 빠져 정치를 돌보지
않아 반란이 일어났으며,
1125년에 금나라가 침입
하여 퇴위. 1127년에 포
로가 되어 그 후 만주 오
지에서 죽었다.

18
1100~1161. 중국 북송의
제9대 황제. 이름은 환桓.
정강靖康의 변變으로 아
버지 휘종이 퇴위하자 뒤

를 이어 즉위하였으나 당
시 금나라의 압박이 심하
여 마침내 국도 변경汴京
은 함락되고 흠종은 아버
지와 함께 북쪽 오국성으
로 끌려가 그곳에서 생애
를 마쳤다.

19
재궁梓宮. 임금이나 황후
를 높여 그의 관을 이르는
말이다.

함경북도 종성 읍내의 삼증루.

게 되었다. 그곳에서 옛날 일을 거슬러 생각하니 스스로 강개한 마음을 금할 수 없었다. 매번 주자의 글에서 "관이 돌아오지 못했으니 원망을 머금고 통절함을 참는다"라는 구절을 읽을 때마다 비록 세대는 달라졌지만, 문득 팔뚝을 휘두르고 눈을 부릅뜨려는 생각이 있게 된다. 만약 주자가 살았을 때 외국인 조선국에 황제의 무덤이 있다는 사실을 듣게 되었다면 마땅히 어떤 마음을 가졌을 것인가. 옛날 우리 영조 때에 특별히 광세曠世의 감회를 미루어, 지방관에게 명령을 내려서 술을 따라 제사를 지내 그 외로운 혼령을 위로하도록 하였으니 진실로 또한 성대한 덕이 있는 일이었다.

저녁에 행영에 들어갔으니 곧 종성 땅이었다. 성첩

이나 군대의 모습이 본영과 비교하여 아주 떨어지지
는 않았다. 대개 북도의 지역에서 변두리에 있는 호족
胡族들은 좁은 강을 사이에 두고 一衣帶水[20] 떨어져 있는
데에 불과했다. 그리하여 겨울이 된 뒤에 얼음이 얼면
곧 육지에 이어진 것과 같아서 다시는 경계가 없게 되
니, 혹은 호기胡騎가 쳐들어올까長驅[21] 하는 염려가 들
었다. 그러므로 조선 왕조 초기에 법령을 만들어서 북
백北伯(함경도 관찰사)은 성진으로 이주하게 하고, 남곤
南閫은 갑산으로 이주하게 하며, 북곤은 종성으로 이
주하게 하여 방어할 계책을 삼았다. 아울러 10월에 이
주하게 했다가 3월에 철수하여 돌아오게 했으니, 북
백과 남곤을 이주시키는 법이 어느 때에 혁파되었는
지는 모르겠지만 북곤이 이주하는 법은 지금까지 준
행되고 있다. 성에 들어간 뒤에 재필당載筆堂에 머물렀
는데 경성의 재필당보다는 훨씬 더 좋았다. 이날에는
60리를 다녔다.

10月 10日

친기위의 말을
점고하다

식사 전에 들어가 병상에게 절하고 식사를 마친 뒤

20
하나의 옷 띠와 같은 물이
라는 뜻으로, 좁은 강, 해
협 또는 그와 같은 강을
사이에 두고 가까이 접해
있음을 이르는 말이다.

21
멀리 달림. 먼 곳까지 몰아
서 쫓아간다는 말이다. 여
기서는 우리나라의 북쪽
경계선에는 청나라의 군대
인 호족이 쳐들어올 것이
라는 뜻이다.

에 친기위를 불러 모아 말을 점고하였다. 북우후北虞候
정방채가 와서 보았으며, 전 북우후가 데리고 가는
하인 편에 일곱 번째 편지를 보았다.

10月 11日

방원 만호인
남홍숙을 혼내주다

일찍 출발하여 20리쯤 가서 박달재朴達嶺를 넘었는
데 아주 높지는 않았다. 가마를 타고 20여 리를 더 가
방원진防垣鎭에서 점심을 먹었다. 방원진은 산의 계곡
사이에 있는데, 한 그루의 나무도 없었으며 민가가 매
우 쓸쓸하였다. 세 갈래 길에 있는 입석立石[22]을 지나
서 말을 달려 종성부에 들어가니, 성곽과 마을이 곧
하나의 큰 대도시였으나, 다만 호산胡山이 몇 리 안에
있었다. 연빈관延賓館에 들어가 머물렀으니 곧 객관이
었는데 꽤나 탁 트였다. 이 고을의 수령이 나와서 만나
보았다. 올 때 방원 만호防垣萬戶인 남홍숙南鴻鸘이 말을
타고서 앞을 막고 지나갔다. 그래서 여기에 도착해 군
대의 예를 받은 뒤 그를 잡아들여서 곤장을 치고 징
계하였다. 이날에는 70리를 다녔다.

10月 12日

뇌천각에
오르다

백일장을 차렸다. 시제는 "수문囚門을 열고 누대에 올라가서 군교에게 명령하여 옷을 바꿔 입고, 아침 내내 군대의 예를 받는다"였고, 부제는 "하나의 화살로 포위망을 풀다一箭解圍"[23]였으며, 고풍제는 "연빈관"이었다. 이어서 교장敎場에 나와 활을 쏘고 말 달리는 것과 창검을 쓰는 등의 여러 기예를 시험하고 친기위의 말을 점고하였다. 지나다가 뇌천각雷天閣에 올라갔다. 3층으로 된 높은 누각이 갑자기 하늘에 솟아 나와 있었는데 곧 옛날의 수항루受降樓[24]라는 곳이었다. 호인胡人들이 그것을 보고 노발대발하므로 현재 이름인 연빈관이라 고치고, 수항루라는 현판은 행영으로 옮겨서 걸어놓았다고 한다.

돌아와서는 곧 시권을 고과考課하여 방을 내걸었는데 부와 시는 각각 열다섯 사람씩을 뽑았다. 유생은 곧바로 합격자를 불러다가 잔치를 베풀어주고 종이·붓·먹을 상으로 주었으며, 무사武士는 화살대를 상으로 주고 끝마쳤다. 밤에 이 고을의 수령이 기생의 풍류를 베풀었으므로 밤이 깊어서야 마쳤다.

23
신립이 화살 한 발로 두만강변의 여진족 대장을 쏘아 죽인 일을 말한다.

24
함경북도 온성穩城 종성 노동자구에 있는 누각. 북한 국보 제50호. 원래는 뇌천각이라 했는데, 1608년(선조 41)에 수항루라 이름을 바꾸었다. 이 누각의 특징은 목조탑과 유사한 형식을 갖춘 점이다.

25
함경북도 종성에 있는 도시. 공주 석장리와 함께 구석기 시대의 유물이 발굴된 곳으로 유명하다.

26
함경북도 온성 온성면 동화동에 있던 서원. 1606년 지방 유림의 공의公議로 기준의 학문과 덕행을 추모하기 위해 향교 경내에 복재사服齋祠를 창건하여 위패를 모셨다. 1666년에 장충동으로 이건하였고, 1702년에 김덕성과 유계를 추가 배향하면서 충곡서원으로 개편되었다. 1716년 현재 위치로 이전하여 선현 배향과 지방 교육의 일익을 담당해오던 중 대원군의 서원철폐령으로 훼철되었다. 1950년대 이후의 사항은 미상이다.

27
1492~1521. 본관은 행주
幸州, 자는 자경子敬, 호
는 복재服齋·덕양德陽, 시
호는 문민文愍이다. 조광
조의 문하에서 수학하였
다. 1519년 기묘사화에 연
루되어 아산을 거쳐 온성
에 유배된 뒤 모친상을 당
하여 고향에 돌아갔다가
1521년 신사무옥으로 다
시 유배지에 가서 교살되
었다. 저서로 『덕양유고德
陽遺稿』『무인기문戊寅記
聞』 등이 있다.

28'
1607~1664. 본관은 기
계杞溪, 자는 무중武仲, 호
는 시남市南, 시호는 문충
文忠이다. 병자호란 때 척
화斥和를 주장하였으며,
복상服喪 문제 때 서인으
로서 3년설을 극구 반대하
였다. 저서로 『가례원류家
禮源流』『시남집市南集』 등
이 있다.

29
해당 고을의 역대 수령의
명단을 기재한 책을 이른
다.

10月 13日

온성에서 본 비각

일찍 출발해 동관진潼關鎭[25]에서 조금 쉬었다. 성첩
과 관청, 마을과 군대의 모습이 거의 종성만 못하지
않았다. 그러나 진장鎭將은 사람이 변변찮고 지위가
낮아서 진을 틀어잡을 수 없을 것 같으니, 한탄스러웠
다. 영달진永達鎭에서 점심을 먹었다. 영달진은 보잘것
없는 진이었는데 곧 온성 땅이었다. 지나다가 충곡서
원忠谷書院[26]에 배알하였으니 곧 기준奇遵,[27] 김덕성金德
誠, 유계兪棨[28]를 함께 제향하는 곳이었다. 온성부穩城府
로 말을 달려 들어갔다. 성곽과 마을이 웅장하지 않
은 것은 아니지만 또한 나무 한 그루도 없었으며 호산
胡山의 정경이 더욱 아름답지 못하였다. 동헌東軒으로
들어가 머물렀는데 이 고을의 수령인 신광석申光碩이
나와 보았다. 이교의 인사를 받은 뒤 고을의 선생안[29]
을 받들어 열람하였다.

대개 나의 팔대 조부 되시는 경주 부윤 부군이 정
묘년丁卯年 이후의 호변胡變이 있을 때에, 문무를 두루
겸비한 분으로서 조정의 신하들이 이 고을을 추천해
주었으므로 임기를 채우고서 체임하였다. 그러므로
나는 당도하여 곧바로 유애비遺愛碑가 있는 곳을 물었

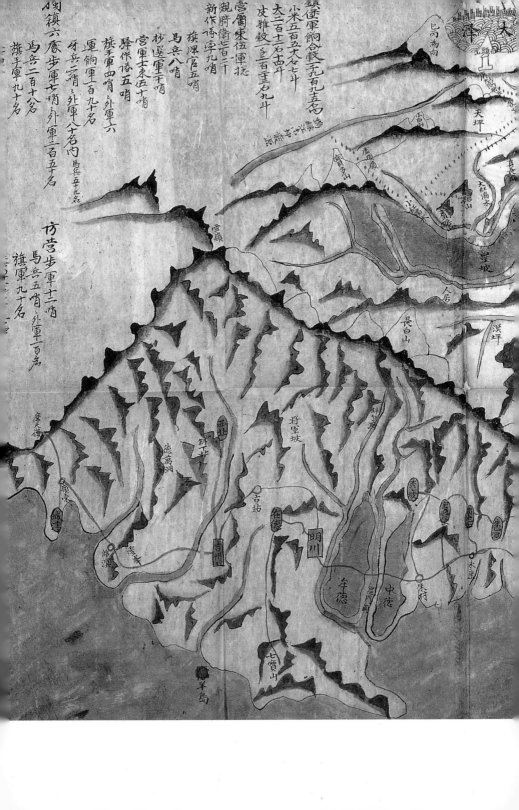

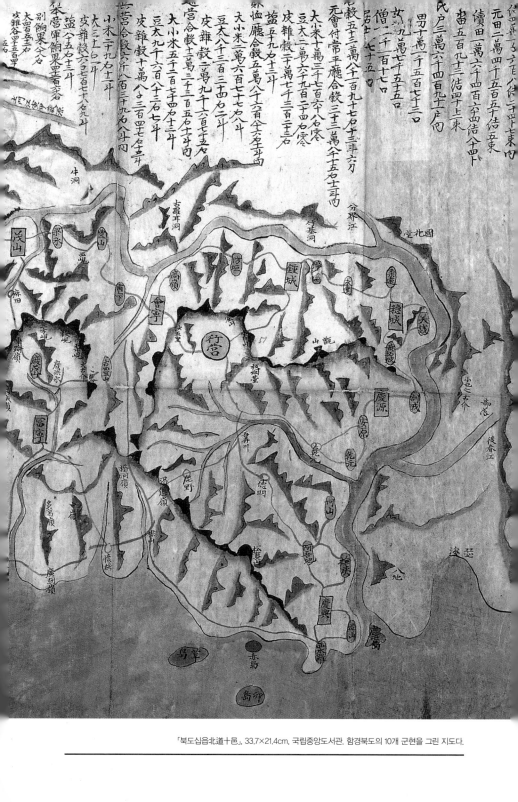

「북도십읍北道十邑」, 33.7×21.4cm, 국립중앙도서관. 함경북도의 10개 군현을 그린 지도다.

다. 곧 나아가서 받들어 살펴보니 나도 모르게 슬픈 마음이 들었다. 무인戊寅년에 세운 비가 있었는데, 그 후 두 번째 신묘辛卯년에 나의 종고조인 참판 부군이 북평사로 오셔서 고쳐 세우고, 비각도 세웠다. 비 표면에는 비각을 세운 사실을 함께 새겼다. 그런데 지금은 비각의 자취가 없어지고, 빗돌은 남문 안에 있는 민가 울타리 안에 있다. 참판 부군은 경주 부윤의 현손으로 북평사가 되어 왔다가 비각을 세웠었다. 그런데 내가 또 참판 부군의 현손 항렬로서 북평사가 되어 와서 이 비를 살펴보고 있으니, 우연한 일은 아닌 듯하다. 곧 이 고을의 수령에게 간청하여 비각을 다시 세우기를 원하자 고을 수령도 기꺼이 그 일을 돕겠다고 하였다. 그러나 매서운 혹한이라 건물을 지을 수 없으므로 곧바로 재목을 손질하고 기와를 모으게 해서 얼음이 풀리기를 기다린 뒤에야 역사役事를 시작하겠다고 약속했다.

저녁을 먹은 뒤 대낮처럼 달빛이 밝았으므로 뜰에서 산보를 하다가 걸어 나가 진변루鎭邊樓에 올라갔다. 진변루는 객관의 문루였는데, 크고 화려한 것이 안주安州의 백상루百祥樓보다 못할 것이 없었다. 이것은 절도사 이항권李恒權[30]이 이 고을에 부임했을 때에 건축한 것이라 들었으니 아주 장수將帥 가문의 사람이라

30
?~1835. 본관은 덕수德水, 자는 중구仲久이며, 순신舜臣의 8대손이다. 1808년 문음門蔭으로 선전관이 된 뒤, 이듬해 무과에 다시 급제하여 별군직에 올라 궁궐을 숙위宿衛하였다. 그 뒤 승진을 거듭하여 1830년에는 삼도 수군통제사라는 막중한 지위에 올라 전국의 수군을 총지휘하게 되었다. 이렇게 대소의 외직을 여러 번 거치면서 이르는 곳마다 큰 치적을 쌓았으며, 다시 내직으로 들어와 오위도총부부총관에 취임하여 훈련원과 금위영, 그리고 어영청의 중군별장이 되었다.

규모를 크게 지었다 할 만하였다. 조금 뒤에 이 고을의 수령이 쫓아와서 등불을 밝혀놓고 기생의 풍류와 술과 안주가 차례로 왔으므로 밤이 깊어서야 돌아와서 잤다. 이날에는 70리를 다녔다.

10月 14日

유배 온 유순을 만나보다

31
소식의 「적벽부」에 나옴.

32
역시 소식의 「적벽부」에 나온다.

일찍 진변루鎭邊樓 뒤뜰에 나가서 백일장을 차렸다. 시제는 "꿈속에 한 명의 도사가 나에게 읍을 하고 적벽의 놀음을 물었다"[31]였고, 부제는 "문을 열고 보니 그가 간 곳을 알 수 없었다"[32]였으며 고풍제는 "진변루"였다. 시와 부에 각각 열 사람씩 뽑았다. 앞서 무사의 활 쏘고 말 달리는 것과 창검 부리는 등의 여러 기예를 시험하였으며, 친기위의 말을 점고하고 이어서 기녀들이 말 타고 달리는 기예를 시험하였다. 모두 여섯 명의 기녀가 군장軍裝을 몸에 묶고 대원大宛의 말을 당겨다가 두 발을 안장에 낀 뒤, 두 손으로는 활을 당기고 크게 부르짖으면서 와서 무사와 함께 나란히 달렸는데 기녀가 번번이 앞섰으니 진실로 또한 장관이었다.

돌아와서 동헌에 앉아 유생에게는 곧 잔치를 베풀고 합격자를 불러서 종이·붓·먹 등을 상으로 주었으며, 무사에게는 화살대와 생포生布를 상으로 주고 끝마쳤다. 기녀들도 시상하는 대상에 있었으니 매우 우스꽝스러웠다. 유배 온 유현柳絢이 와서 만나보았는데, 그는 곧 풍덕豐德 사람이었다. 그런데 혁읍革邑[33]할 때에 다른 의견을 제시한 일로 유배에 좌죄坐罪된 자였다. 옛날에 내가 아이였을 때 내 아버지를 따라서 제릉齊陵의 재소齋所에서 과부科賦를 이분에게서 배웠다. 그런데 이제 처음으로 그분을 만나보게 되어 옛일을 이야기하니 매우 기뻤다. 그러나 곧바로 물러날 때에 큰 탁자 하나에다 음식을 장만해 먹여주었는데, 크게 기뻐하면서 감사하는 상황이 도리어 가련하였다.

10月 15日

북관의 여러 사람과
만나다

오늘에서야 대장봉大將峯[34]에 오르려고 했다. 그런데 "사냥을 하라"는 군령이 이미 내려왔다. 나는 마침 감기 기운이 있어 어제 이미 사냥에 안 가도 된다는 허가를 받아놓은 터라 조용히 앉아서 병을 조섭할 계책

33

조선 중기 이후부터는 자식이 부모를 살해했거나 아내가 남편을, 종이 주인을, 백성이 관장을 살해하는 등의 강상죄가 발생하면 해당 지역의 읍호를 강등하거나 혁읍, 폐현시키는 지역 징벌 제도가 있었다.

34

함경북도 갑산과 무산 사이에 있는 산봉우리. 백두산의 상상봉上上峯을 이루며 이곳 일대는 마천령 산맥의 첫머리 부분을 이루는 것을 비롯해 압록강·두만강·송화강 등의 수원지를 이루고 있다. 높이는 2744미터다.

35
조선시대에 함경도·평안
도·경상도의 변경 진보鎭
堡에 두었던 수장守將.

36
1636년(인조 14)에 강물
이 범람하여 섬이 되었고,
1674년(현종 15)에 제방을
쌓고 표석을 세워 경계를
정했다.

을 삼았다. 이 고을의 수령이 또 기생의 풍류와 술과 안주를 떡 벌어지게 베풀어서 나그네의 마음을 위로해주었는데 밤이 깊어서야 마쳤다. 유원 첨사 김명린 金命麟, 황척파黃拓坡의 권관權管[35] 전종원全宗元, 미전 첨사 임종훈林宗勳, 영달만호永達萬戶 송익수宋益壽가 모두 와서 모였다. 전부 북관 사람이었는데 용모가 빼어났으며, 고이도古珥島[36] 사냥터에 따라가기를 원한다고 하기에 군관과 전령에게 명함을 넣도록 하였다. 무사 김증석金曾錫은 곧 성옹醒翁 김덕성金德誠의 후손이고, 김철산金鐵山 이종彝鍾의 서질庶姪이라고 한다. 그러므로 또한 전령에게 명함을 넣게 했다. 길주의 순제에 대해 채점을 마쳐서 돌려보냈다.

10月 16日

입암을 보다

아침 일찍 출발하여 강을 따라 동쪽으로 갔다. 온성부는 우리나라의 최북단인데, 여기서부터 동쪽으로 가서 경원과 경흥慶興을 지나게 되고 서수라西水羅에 이르면 조금 남쪽으로 내려간다. 황척파에서 점심을 먹었는데 이곳은 북관 중에서도 가장 보잘것없는 진鎭이었다. 성첩과 관청이 상당히 변변찮았다. 진의 관아에서 하나의 과녁을 서로 바라볼 만한 거리에 높이가 네다섯 길이나 되는 큰 돌이 마주보고 서 있는데, 또한 기이하였다. 성문을 나와 몇 개의 과녁만큼의 거리에 입암立巖이 있었다. 두 바위가 마주 대하여 서 있는 것이 부령富寧의 형제암과 같았지만 어떤 산에 기댄 것이 없어서 흙이 조금도 없었으며, 뒷면은 매우 독특하게 어지럽게 있는 것이 고성의 총석叢石과 같았다. 앞면은 먹줄처럼 곧았고, 대패처럼 평평한 것이 단양의 사인암舍人巖과 같았다. 앞으로는 두만강을 굽어보고 있어서 물이 그 아래쪽을 갉아먹고 있다. 뒤로는 넓은 못을 굽어보고 있는데 갈대들이 땅을 뒤덮어서, 만약에 봄이 여름으로 바뀔 때가 되면 더욱더 볼 만할 듯싶었다. 두 명의 피리 부는 사람에게 뒤따라 올라오게 하여 고개를 오르면서 나란히 피리를 불게 하니 신선의 음악을 듣는 것과 같았다.

저녁에 훈융진訓戎鎭[37]에 도착했으니, 곧 경원 땅이었다. 훈융진이 넓은 들판에 있는데 산세가 멀리 둘러져 있어 지형이 꽤나 훌륭하였다. 성첩과 관청 건물도 크게 배치되어 있었다. 훈융진의 상황이 몹시 좋지 않았으므로 비록 인사 고과에 좋기는 하지만[38] 사람들이 모두 기피하였고, 훈융진의 군졸들도 모두 아침에는 모였다가 저녁에 흩어졌다고 했다. 강 건너에는 호

37
경원도호부 북쪽으로 28리 떨어진 곳에 있다. 돌로 쌓은 성으로 둘레가 3242척, 높이 8척이다. 안에 다섯 개의 우물이 있다. 병마첨절제사영兵馬僉節制使營이 있다.(『신증동국여지승람』)

38
이력履歷은 조선시대 관원의 임용·승진에 필요한 경력을 말한다. 무관이 방어사防禦使·수사水使·병사兵使·각영대장各營大將까지 차례로 승진하려면 변지邊地이력이 있어야 했다. 변지이력이란 철도鐵島·백령도·초도·청산도靑山島·부산·다대포·동진東津·아이阿耳·신도薪島·만포滿浦·신광神光·고산리高山里·고령·훈융·성진 등의 첨사로서 국경 방어를 담당한 경험을 말한다. 이 밖에 수령 이력을 필요로 하는 관직도 있었는데, 이 이력을 필요로 하는 관직을 이력과履歷窠라고도 하였다.

족의 마을이 가까운 데 펼쳐져 있었다. 곧 아침저녁
으로 변고에 대비하는 곳인데도 이처럼 대비를 소홀
하게 했으니 매우 한탄스러웠다. 진장鎭將인 이행근李行
謹이 나와서 보았으며 경원의 수령인 김사운金思運도
미리 와서 맞이하여 만나보았다. 이날에는 60리를
다녔다.

10月 17日

고이도에서
사냥을 하다

39
지방 관아의 관노와 사령
을 통틀어 이르는 말.

아침 일찍 출발하여 고이도古珥島로 향했다. 훈융진
에서 15리 떨어진 지점인데, 평평한 언덕과 넓은 들이
마주 보이는 곳이었다. 고작 5리쯤만 가면 온성과 경
원, 경흥 세 고을에는 친기위 500여 기가 늘어서서 진
을 친 형세를 이루었다. 또 이 고을의 보병과 이교, 관
노奴令[39]와 엽군獵軍 등이 합세했으니 깃발이 하늘을
뒤덮었고 칼과 창이 햇빛에 번쩍거렸으며, 북과 피리
소리가 하늘에 시끄러웠고, 고함치는 소리가 땅을 울
렸다. 섬 안으로 말을 달려 들어가서 지리지地理誌를 살
펴보자 숭정崇禎 병자丙子(1636)년에 두만강의 나뉜 물
줄기가 멋대로 흘러서 섬이 되었으니 둘레가 20여 리

였다. 갈대의 싹이 자라는 곳이었고 날짐승과 들짐승
이 모이는 곳이어서 사냥하는 장소를 만들었다고 한
다. 얼음 위를 건너서 장막을 설치하고 앉았다. 경원
의 수령과 훈융진장訓戎鎭將, 변장邊將 6~7인이 모두 참
여하였다. 사방에서 구경하는 이들이 담을 둘러친 것
같았으니, 몇 개의 고을에서 거의 다 나온 듯했으며,
사냥개도 300~400마리나 되었다. 징을 울리고 북
을 치면서 갈대밭 속을 샅샅이 수색하니 날짐승은 날
지 못하고 들짐승도 달리지 못하였다. 더러는 사냥개
에게 물렸고 더러는 무사들에게 잡혔다. 산 채로 잡
아 마침내 와서 머리
를 바쳤다. 한나절
이 안 되어서 꿩은
300여 마리가 잡혔는
데 살아 있는 것이 절반이
나 되었으며 노루나 토끼
도 각각 두 마리씩이었다.
더욱 기이한 것은 두 고을의 기녀
10여 명이 군장을 하고 말을 몰아 일제히 소리
지르면서 나와 잠깐 동안에 각각 두 마리의 꿩을 잡
아 말을 달려와서 바쳤는데, 가고 오는 것이 나는 듯
했다. 누가 많이 잡았나 다투어 견주어서 무사들에게

선두를 양보하려 하지 않았으니 우스꽝스러울 뿐이
었다.

조금 뒤에 군중軍中에서 북 치고 나팔을 불면서 승
전곡을 번갈아 연주하였으니 옛날에 모여서 사냥할
때에는 강무講武40에 부친 뜻이 진실로 까닭이 있었다.
나는 고을의 수령 및 비장裨將의 무리와 말을 한 마리
씩 타고 강 언덕을 순행했다. 호인胡人의 마을이 다만
가까이에 있었는데, 호인의 아이들도 많이 모여서 사
냥질을 하고 있었으니, 대개 이도耳島에 있던 꿩들이
놀라 날아가서 강을 넘게 되면 호인들이 번번이 때려
잡기 때문이었다. 우리를 보자 우두커니 서서 조잘대
고 있었지만 무슨 말을 하는지는 모르겠다. 사냥꾼들
이 내가 장막 안에 없는 것을 보더니 꿩을 잡더라도
다시는 와서 바치지 않았으며, 나도 저들이 이득으로
삼게 내버려두었다. 만약에 잡은 짐승들을 다 취했다
면 거의 몇천 마리가 되는지 알 수 없었다. 여러 교리
가 모두 말하였다.

"옛날에는 이처럼 꿩을 많이 잡았던 때가 없었고,
날씨도 이처럼 따스한 때가 없었다."

안원권관安原權管 윤창은尹昌殷이 아주 많은 수의 꿩
을 잡았다. 그러므로 그 자리에서 전령에게 명함을 넣
도록 하였다. 날이 저물자 노루를 삶고 꿩을 지져서

무사들에게 잘 먹였다. 또 남아 있는 꿩을 상으로 두루 지급하였다. 그러고도 남은 꿩은 병영과 각 고을에도 나누어 보내서 고을의 친밀하게 지낸 사람과 소속된 기녀들 중에서 일을 시켰던 이들에게도 나누어 줄 수 있었다. 다 나누어 먹이자 여러 무사가 칼을 빼고 창을 빼들어 일제히 덩실덩실 춤을 추었으니 또한 장관이었다. 북관의 군대들은 진실로 천하의 정예병이라 이를 만하였다. 새벽에 군대를 모아서 온종일 말을 달렸는데 이미 말린 양식을 챙겨가지 않았고, 또 떡을 파는 가게나 술을 파는 가게가 없었어도 조금도 굶주리거나 피곤하게 여기는 뜻이 없는 데다 늘 있는

「통군정」, 「관서명구첩」, 종이에 엷은색, 41.7×59.3cm, 18세기, 개인.

일처럼 보았으니 진실로 또한 기이하였다. 해가 진 뒤 징을 울려서 군진軍陣을 해산시켰다. 횃불을 쭉 들고 경원부로 말을 달려 들어갔다. 경원부 고을의 모습도 쭉 펼쳐져 있기는 했으나, 시야 가득 쓸쓸하여서 볼 만한 것이 없었다. 북호의 땅인 후춘진厚春鎭이 마주 볼 만한 지점에 떨어져 있었다. 통군정統軍亭에 들어와 있었으니, 이곳 또한 시읍市邑이었다. 그러므로 별도로 객관을 지었는데 꽤나 크고 아름다워서 종성의 영빈 각迎賓閣보다 나았다. 이날에는 30리를 다녔다.

10月 18日

둘째 누님의 부고를 듣다

41
한유韓愈의 「평회서비平淮西碑」에 "自文城, 因天大雪, 疾馳百二十里, 用夜半到蔡"라 나온다.

42
사마천, 『사기史記』 「이장군열전李將軍列傳」에 "廣出獵, 見草中石, 以爲虎而射之, 中石沒鏃, 視之石也"라 나온다.

　　하루 종일 눈이 펑펑 내렸다. 아침 일찍 일어나 백일장을 차렸다. 시제는 "하늘에서 큰 눈이 내려 한밤중이 되어서야 채蔡나라에 이르렀다"[41]였고, 부제는 "시지석視之石"[42]이었으며, 고풍제는 "고이도에서 대규모의 사냥을 했다"였다. 시는 김병화金秉和 등을 뽑았고 부로는 최진천崔晉天 등을 뽑았는데 각각 열다섯 사람씩 선발했다. 또 문루에 앉아서 무사의 여러 기예를 시험하고 전죽箭竹과 백지白紙를 상으로 주었다. 유

생에게는 합격자들을 불러서 잔치를 열어주었으며
종이·붓·먹을 상으로 주고 끝마쳤다. 밤에 순영巡營의
역학譯學인 유봉길劉逢吉을 통해 비로소 여덟 번째 편
지를 받아보았다. 둘째 누님이 지난달 12일에 세상
을 떠났다는 부고를 그제야 받았으니, 객지에서의
심정에 더 무슨 말을 하겠는가. 더 무슨 말을 하겠는
가. 곧바로 묵고 있는 집을 나와 곡을 한 뒤擧哀에 돌
아와서 잤다. 밤새도록 큰 바람이 불어대고 눈이 내
렸다.

10月 19日

온천지가
눈에 덮이다

　새벽이 지난 뒤에 바람이 더욱 세찼다. 아침에 일어나 살펴보니 산 위와 지붕 위에는 한 점의 눈도 없었지만, 산 아래의 깊은 계곡은 모두 평지와 나란하였다. 또 지붕 아래와 용마루 위에는 눈이 쌓여서 앙벽仰壁[43]과 나란했고, 앙벽과 서까래는 모두 흰 흙을 바른 것과 같았으며, 처마 위에는 눈이 몇 자나 쌓였다. 내가 거처하는 방은 삼중으로 되어 있는 집이었다. 그런데 눈이 이중문까지 뚫고 들어와서 문짝이 수도 없이 넘어졌으니, 아! 또한 대단한 일이었다. 그런데 고을 사람들이 모두 말하였다.

　"이것은 큰 바람이 아닙니다. 성문에 눈이 쌓여서 방 안이 대낮에도 옻칠한 듯 깜깜했으니, 그런 뒤에야 바야흐로 '큰 눈보라'라고 말할 만합죠. 그런데 해마다 이 같은 일이 몇 번인지도 모를 지경입니다요."

　서글픈 터에 하루 종일 실신한 것처럼 누워 있었다. 저물녘이 되어서야 바람이 잠시 멈추었다.

10月 20日

성복에 필요한 물품을
보내주다

바람이 그치고 해가 밝았으나 추위가 매우 심하였
다. 훈융첨사가 사람을 보내와서 위로해주었으며, 온
성의 수령은 서신을 보내와 위로하고, 게다가 성복成
服⁴⁴하는 물품을 보내주었다. 황파黃坡 수령과 안원安原
수령도 와서 만나보고 모두 생베를 장만해주었으나,
좋은 말로 사양했다.

10月 21日

어린애 장난처럼 허술한
국경 수비

하루 종일 바람이 불었다. 고을 수령이 성복할 이런
저런 물품들을 챙겨서 보냈다. 그래서 새벽에 일어나
머물던 곳下處에서 나와 허위虛位⁴⁵를 설치하고 복服을
입었다. 그런데 어질어질해서昏眩⁴⁶ 슬픔을 가눌 수 없
었으며, 더욱이 마음을 진정시킬 수도 없었다. 곧바로
행장을 꾸려 출발했다. 큰 눈이 내린 뒤였으나 길 위
에는 한 점의 흰빛도 없었다. 그러나 산자락을 돌자 골

44
상을 당한 뒤 초종初終·습
襲·소렴小斂·대렴大斂 등
을 마친 뒤 상복으로 갈아
입는 절차.

45
죽은 이를 위해 마련한 빈
자리.

46
혼현이란 정신이 희미하고
눈앞이 아찔하거나 해서
잘 보이지 않는 병증임.

짜기가 깊은 곳에는 간혹 깊이가 한 길이나 넘어서 어제의 바람을 알 만했다. 군인을 동원해서 길을 텄다. 잠깐 동안에 더러는 도로 막혔으니 오늘은 바람이 그리 세차지는 않지만 또한 두려워할 만하였다.

40여 리를 가자 길가 산 위에는 두만강 신사神祠[47]가 있었는데, 곧 중사中祀[48]를 배열하고 봄가을에 향과 축문을 내려주어서 제사지내게 하는 곳이다. 목조穆祖가 일찍이 이곳에 구덩이를 파고서 손수 소나무 한 그루를 심었는데 지금까지도 소나무 숲이 아주 빽빽하였다.

가마를 타고 나아가서 절하고 길에서 바라보자 북호의 마을이 빽빽이 늘어서 있었으며, 사람과 가축이 왕래하고 있었다. 그 일대 강에는 얼음이 얼어 육지처럼 단단했으니 같은 마을이라고 할 수는 있어도 다른 나라라고 할 수는 없을 정도였다. 이와 관련되어 생각하건대 우리나라에서 이른바 진지들의 방어하고 관측하며 봉수烽燧하는 절차가 어린애 장난질과 다를 바 없었다. 가령 호기胡騎들이 하루아침에 군사를 몰아 달려온다면 비록 모두 징발해서 종군하더라도 사마귀가 수레를 막는 것과 다를 바 없거늘, 하물며 3리나 5리쯤 되는 성곽과 매우 허술하고 야윈 병졸들로 그 북호의 기세를 막을 수 있겠는가. 또 저쪽 땅을 바라보건대 일찍이 하나의 장애물이나 봉화대도 설치한 것이 없으니 저들은 이미 우리를 두려워하지 않고 있거늘, 우리는 어찌 홀로 저들을 두려워할 것이 있는가? 옛날 고려 말기와 조선 초기에 번호蕃胡들이 침범해오자 변방에 있는 신하들이 그들을 내몰았다. 고을마다 난리를 만나지 않은 곳이 없었고 해마다 군대를 부리지 않은 때가 없었지만 이것이 병란兵亂은 아니었다. 곧 북호들이 지쳐 있을 때 더러는 굶주림을 몹시 견딜 수 없어서 와서 곡식을 구하기도 했으며, 더러는 사냥을 위해 나왔다가 우리나라의 마을에 겁을 주어 약탈할 뿐이었다. 지금은 한족漢族과 오랑캐가 통일되어서 기율紀律이 매우 엄하여 변경邊境이 안정되었기에 보루에는 군대가 있어야 할 틈兵釁이 없으니, 지난날에 호인들에게 과연 우리나라의 국경을 범할 뜻이 있었다면 그들이 장차 이러한 방어를 두렵게 여겨서 움직이지 않았겠는가.

시대의 추세가 이미 이와 같은데도 우리나라가 대처하는 것은 항상 변고를 기다리는 때와 같이 견고하게 해서 재물을 낭비하고 백성을 괴롭힌다. 하물며 명목상 변고를 대비한다는 것들이 그 실제를 따져보면 유명무실하다. 시험 삼아 각 고을의 진성鎭城 내부를 보자니, 갑자기 변고를 만난다면 조금의 一哨[49] 군대도

<49>
49
옛날의 군대 편제 중 하나. 약 100명이 한 초哨를 이룬다.
</49>

갑자기 동원할 수 없었거늘猝發[50] 오히려 어떻게 적을 방위하고 나라를 지키는 것이 있었겠는가? 나에게 정사를 하게 했다면 차라리 변진邊鎭[51]을 방어하는 방법을 파기함이 없겠는가. 그리하여 다만 각 고을 수령에게 1000명에 가까운 군대를 각각 그 성안에 거느리게 해서 여름이 되면 농사를 짓게 하고 겨울이 되면 무술을 연마하게 함으로써 병사와 농민을 서로 연관시켜놓는다는 뜻을 부치게 할 것이다. 그렇게 한다면 북곤이 옮겨서 주둔하여 대군을 통솔하게 하지 않고서도 경성에 진을 치고 주둔하게 해서 총괄하여 관리摠領하는 땅으로 삼는다면, 그 변방을 견고히 하고 백성을 양생하는 길을 거의 병행해서 어긋나지 않게 될 것이다.

건원乾原[52]에서 점심을 먹었으니 진鎭은 또한 보잘것없는데 장소가 두 산 사이에 있어 바람을 조금 피할 수 있었다. 진지의 아문 뒤에는 소나무 숲이 있어 조금 마음에 들었다. 저녁에 아산진阿山鎭에 도착했으니, 아산진은 진이 산등성이에 있어 좌측으로는 두만강을 끼고 우측으로는 큰 냇물을 끼어 성 밖에서 합쳐지므로 성첩이 꽤나 견고하였고, 민가가 꽤나 번성했는데, 북호 지역을 굽어보고 있었으니 후망候望을 하는 요지라 이룰 수 있었다. 그런데 지형이 이미 높았

고 바람이 더욱 세게 불어 밤새껏 지붕을 흔들어대는
까닭에 잠을 이룰 수 없었으니 마치 파도가 출렁이는
데에 있는 것과 같았다. 이날에는 80리를 다녔다.

10月 22日

경흥에
도착하다

아침에 일어났는데 바람이 그치지 않아서 머뭇대
다가 해질 무렵이 되어서야 출발하였다. 눈구덩이를
만나서 거의 빠질 뻔하기도 하였고 회오리바람을 만
나 거의 넘어질 뻔하였으며, 눈보라가 눈을 가려서 지
척도 분별치 못하게 되기도 하였다. 오후에야 어렵사
리 무이진撫夷鎭에 도착했는데 이곳은 경흥 땅이었다.
지형이 높고 널찍하여 북호 땅을 내려다보고 있으며,
긴 숲이 울창하고 팔지八池[53]가 펼쳐져 있었는데 못 안
에는 오색 연꽃이 많다고 한다. 멀리서 바라보니 슬해
瑟海가 동북쪽 사이에 가로로 뻗쳐 있었는데, 만약 봉
화대를 오른다면 시야가 더 낫다고 한다. 바람이 세차
서 올라갈 수가 없다. 또 바야흐로 나뭇잎이 지고 얼
음이 얼어서 볼 만한 것이 없었다. 그러나 봄과 여름
이 되면 아주 훌륭한 경치가 되리라 상상할 수 있었

[53]
홍양호의 『북새기략北塞記
略』에는 다음과 같이 설명
되어 있다. 팔지는 무이강
밖에 있다. 서봉대西烽臺
에 오르면 들 가운데를 바
라볼 수 있다. 팔지는 수
십 리를 길게 뻗쳐 두만강
으로 들어간다. 오색련五
色蓮이 있어서 명주가 나
오는데 북방에서 유명하
다. 세 번째 못 위에 산이
있는데 흑각봉黑角峯이라
한다. 봉우리 아래에 마을
이 있는데 금당金塘이라
한다. 목조의 옛 별장으로
곧 알동斡東이며 번호藩胡
의 소리로는 오동烏東이라
한다. 지역은 경흥부에서
동북으로 30리 떨어진 거
리에 있다.

54
조선 태조의 고조부 목조의 본명은 이안사李安社이며, 뒤에 목조로 추존되었다. 능은 함경남도 신흥 가평면 능리에 있다. 조선을 개국한 이듬해인 1393년 태조가 친히 능호를 정하였다.

55
목조의 비인 효공왕후의 능.

56
함경북도 경흥의 두만강 대안對岸에 있었던 러시아 영내의 지명. 이 지명은 이성계의 고조인 목조와 관계가 있다. 목조는 본래 덕원에 살았는데, 이곳으로 옮겨 익조翼祖 때까지 살았다. 익조 때 여진족이 그를 시기하여 해치려 하므로 두만강에 있는 적도赤島로 피하여 난을 면했다. 뒤에 익조는 다시 덕원으로 옮겨와 살았다. 알동에는 이성계의 조상이 묻힌 두 개의 능이 있었는데, 태조 때 경흥 남쪽의 능평陵坪으로 이장했다가 태종 때 함흥으로 이장하였다. 알동은 간도 지방과 함께 고려 말에 우리나라 사람들이 러시아 연해주 지방까지 이주했던 사실을 뒷받침하는 증거가 된다.

다. 경흥의 수령인 이인회李寅會가 미리 와 맞아서 얼굴을 본 뒤 먼저 돌아갔다. 나도 처음에는 오늘 읍내에 이르러 자려고 했다. 하지만 슬프고 아픈 터에 여러 날 동안이나 바람을 맞아 기운이 어지럽고 몸이 피곤해서 억지로 나아갈 수 없으므로 그대로 머물러 잤다. 음식을 대접하는支供 여러 일이 생각해보면 구차하고 어려움이 많을 것이어서 폐를 끼치는 게 안타까웠다. 이날에는 55리를 다녔다.

10月 23日

변변찮은 변방 사람들

아침에 일어나니 바람이 갑자기 그쳐서 길을 떠났다. 20여 리를 가다가 목조의 덕릉德陵,[54] 효비孝妃의 안릉安陵[55] 옛터를 바라보았다. 대개 목조와 효비가 알동斡東[56]에서 세상을 떠났다. 그런 까닭에 두 개의 능이 다 경릉 땅에 있었는데 그 뒤 경흥에 옮겨 봉안한 것이다. 옛터는 오랑캐 목극등이 경계를 정한 뒤에는 다 오랑캐 땅에 속하게 되었다. 또 그 아래에는 알동에 옛 성터가 있다고 하나 분별할 수는 없었다. 오후에 경흥부에 달려 들어갔다. 경흥부의 성은 산을 이용해서 성터로 삼았으나 유독 동문東門만은 평지에 있었다. 그런데 두만강이 그 앞을 두르고 있었으니 반드시 지켜야 할 땅이라 이를 수 있었다. 고을 수령이 나오자 네 진의 장수가 군대의 예를 행했다. 그중 서수라의 만호萬戶 한인모韓仁謨는 곧 유명한 무인으로서 일찍이 경첨經籤을 거친 이력의 소유자였다.

애당초 이 고을에 들어가 나중에라도 유생과 무인들의 백일장을 시험 보이고 후도後島에 가서 사냥할 생각이었다. 비록 공적인 일이라고 할 수 있지만, 또한 놀고 감상하는 것과 관련되었기에 함께 없애버렸다. 친기위가 이미 와서 모였으므로 다만 말에 대한 점고만 하고 퇴짜를 놓아 보냈다. 밥을 먹은 뒤 아문 뒤의 망덕봉望德峯에 올랐는데 곧 도조度祖의 옛터로 관아 건물이 그 약간 아래에 있었다고 한다. 성 위에 올라서 사방을 바라보니 꽤나 훤히 트였다. 후도가 북성北城 아래에 있는데, 나무들이 있어 노루와 토끼가 많다고 한다. 비록 백일장을 차리지는 않았으나 이미 앞서 낸 순제가 있었는데 한 사람만이 와서 답안을 바쳤다. 지역이 가장 먼 변경에 있어서 글줄이나 쓰는 사람이 더욱 없다는 것을 알 수 있었다. 각 진보鎭堡[57]는 문서를 주고받았다. 그런데 이교 중에는 글씨를 쓸 만한 사람이 없어서 반드시 인근의 시골 사람

57
조선시대에 함경도·평안도의 북방 변경에 있던 각 진을 이르는 말.

58
1738~1802. 본관은 달성達城, 자는 원덕元德, 시호는 문헌文獻. 1766년 생원으로 문과에 급제, 1768년 부교리副校理가 되었다. 1790년 『증수무원록增修無冤錄』을 국역했다. 1792년 선혜청 당상이 되고 한성부 판윤 등을 지냈다. 1801년 벽파僻派의 득세로 경흥에 유배되어 거기서 죽었다. 글씨를 잘 썼으며 작품에 「김경서신도비金景瑞神道碑」가 있다.

59

1741~1798. 본관은 대구. 자는 원례元禮. 호는 봉헌奉軒, 시호는 효간孝簡이다. 1795년에는 진하사로 북경에 다녀왔다. 복잡한 정치 상황 속에서 한때 유배 등의 처벌을 받기도 했지만, 1778년 정조의 정책을 합리화한 『속명의록』을 언해하여 간행하는 데 참여하는 등 정조의 정책을 적극 뒷받침하여 형유린有鄰과 함께 그 시기 권력의 중심부에 있었다. 글씨에 능하여 규장각 상량문을 썼다.

60

1725~1775. 본관은 양주楊州. 자는 효승孝承. 호는 퇴헌退軒이다. 1751년 문과에 급제, 검열檢閱이 되었다. 1769년 호조참판으로 동지부사冬至副使가 되어 청나라에 다녀왔다. 이듬해 소론少論의 영수 최석항崔錫恒의 신원을 상소했다가 갑산부에 유배당하여 서인庶人이 되었다. 1774년 풀려나와 여러 번 벼슬에 임명되었으나 응하지 않았다. 문집에 『퇴헌집退軒集』이 있다.

으로 글자를 대강이나마 읽어내는 사람의 손을 빌렸는데, 그 사람이 문장을 이해한다고 했으니, 우스꽝스러웠다.

올해에는 북관의 한 해 농사가 흉작을 면치 못했다. 그중 경흥 지역이 더 혹독하게 흉년이 들었다. 또 호환虎患이 매우 심해 어젯밤에도 관아 안으로 들어와서 관아의 말을 물어뜯었다고 하니 두려운 일이었다. 골짜기의 길은 대낮에도 혼자 다니기 어렵다고 한다. 남문 밖에는 삼현사三賢祠가 있었으니 판서 서유린徐有鄰,[58] 서유방徐有防[59]과 참판 조영순趙榮順[60]을 제사지내는 곳이라 한다. 이날에는 35리를 다녔다.

10月 24日

이충무공의
승전비를 보다

아침에 출발하여 강을 따라 40리를 가니 번포鱕浦[61]라는 곳이 있었다. 평지에 있는 호수의 둘레가 수삼십 리인데, 거기에는 물고기와 자라가 많다고 한다. 조산보造山堡에서 점심을 먹었으니 곧 두만강이 바다로 흘러 들어가는 곳이다. 조산보에서 몇 리를 더 가서 높은 데를 올라 바라보니 슬해瑟海가 하늘에 닿았고, 강이 바다로 들어가서 물살이 매우 세찼다. 옛날에는 녹둔도鹿屯島[62]가 슬해 가운데에 있었는데 또한 우리 땅에 속해서 관둔전官屯田[63]을 설치했으나 현재는 저들(호북을 가리킴) 땅에 속해 있다. 견여를 타고 수십 리를 가서 저녁에 서수라에 도착했다.

지형이 인두 자루와 같은데 사면이 바다에 둘러싸여 있고 육지와 연결되어 있는 곳은 과녁 하나만큼의 땅에 차지 않게 좁았다. 익조翼祖[64]가 적도赤島로 들어갈 때에 백마를 타고 여기서 달렸다. 그러므로 '태왕이 서수호西水滸를 거느렸다'[65]는 뜻을 취하여 이름을 붙였다고 한다. 진헌에 들어가서 앉았다. 비록 보잘것없는 진이긴 했지만, 진지의 터가 매우 분명해 삼면이

61
함경북도 부령 관해면에 있는 못. 면적은 0.714제곱킬로미터.

62
섬 둘레는 2리 정도이고 높이는 수면에서 10자尺 되는 작은 섬이다. 산물은 보리·밀·수수와 각종 어류 및 청백염靑白鹽이다. 육진 개척 이후 국경 하천이 된 두만강의 하천도서였으므로, 그 건너편 지역에 살던 여진족이 물자가 궁핍할 때마다 이곳에 잠입해 자주 약탈하였다. 그리하여 이 섬 안에 길이 1246척의 토성을 쌓고 높이 6척의 목책을 둘러 병사가 방비하는 가운데 농민들이 배를 타고 섬에 오가며 농사를 지었다.

63
고려·조선시대 각 지방의 행정·군사·교통 기관의 운영 경비를 보조하기 위해 국가에서 설정했던 토지.

64
생몰년 미상. 고려 후기의 지방 관리. 본관은 전주이고, 이름은 행리行里다. 이성계의 증조부다. 아버지의 뒤를 이어 천호千戶를 습봉襲封하고 원元나라의 벼슬을 받았다. 뒤에 여진

두만강 하류에 위치한
서수라의 어항.

족의 기습을 피하여 함경
도 경흥 지방에 도피했다
가, 후에 고향인 덕원으로
돌아왔다. 1394년 익왕翼
王으로 추존되고, 후에 다
시 익조의 존호를 받았다.
능은 함경남도 안변의 지
릉智陵이다.

65
『맹자』「양혜왕 하梁惠王下」
에 "古公亶父 來朝走馬 率
西水滸 至於岐下 爰及姜女
聿來胥宇"라 나온다.

빙 둘러 감쌌고 동남쪽은 바다에 임하여 있었다. 왼
편 청룡靑龍의 한 산기슭이 구불구불하게 바다로 들
어가 있고, 산기슭이 끝난 곳에는 돌무더기가 빽빽하
게 서 있어서 바다에 꽂혀 있는 것이 통천의 총석정
과 같았는데 이름을 오갈암烏碣巖이라 하였다. 오른편
백호白虎 줄기는 바다로 들어갔는데 그것이 끝난 곳에
는 또한 대석봉大石峯이란 봉우리가 바다에 꽂혀 있었
으니 이름을 해망대海望臺라 하였다. 곧바로 견여를 타
고 해망대에 올라가자 산등성이가 칼 등과 같았다.
좌우는 모두 바다였는데 파도가 출렁거리고 있으므

로 소리가 산악을 뒤흔들었으니, 마음이 두렵고 다리가 후들거려서 오래 서 있을 수 없었다. 앉아서 기다렸다가 해가 지는 것을 보았지만 구름이 끼어서 잘 볼 수는 없었다. 다만 구름이 어두침침해서 해가 뜨는 것을 감상하는 것에는 크게 못 미쳤다. 대체로 서라의 지형은 해가 뜨는 것을 감상하기에 가장 알맞고, 또 해가 지는 것을 감상하기에도 가장 알맞다고 하니 진실로 또한 특이하였다. 진지에 있는 인가는 100여 집에 차지 않았는데 북어잡이가 곧 펼쳐져서 집집마다 시렁에 북어를 햇볕에 말리고 있었다. 진지 뒤쪽에 있는 큰 바다 가운데에 있는 난도卵島는 바다 섬이 옹기종기 모인 것이 알과 같아서 붙여진 이름이라 한다. 진장鎭將이 알 껍질 몇 개를 가져다가 보여주었다. 모두 오색의 얼룩무늬를 이루고 있으니 아주 특이하였다. 성문 밖에는 이충무공의 승전비가 있었다. 대개 충무공이 조산 만호造山萬戶로서 일찍이 여기서 번호蕃胡[66]를 깨뜨렸으므로 그 후손인 이관상李觀祥이 북병사로서 비를 세웠고 판서 조명정趙明鼎[67]이 음기陰記[68]를 지었다. 이날에는 60리를 다녔다.

66
조선 접경지역에 살며 조선에 귀순한 호인胡人. 그 부락·부족을 말하기도 한다. 이들의 우두머리는 조선에서 중추부·오위의 벼슬을 받았다.

67
1709~1779. 조선 후기의 문신. 본관은 임천林川, 자는 화숙和叔, 호는 노포老圃다. 노론으로서 소론 이광좌·조태억의 관작 삭탈을 주장하다가 관직을 삭탈당하고 중도부처가 되었다. 『영조실록』 편찬에 참여하고, 1777년 홍국영洪國榮의 세도정치를 공격하다가 자리에서 쫓겨났다. 문집에 『노포집老圃集』이 있다.

68
비갈碑碣의 등 뒤에 새긴 글.

69
염분이란 바닷물을 끓여 소금을 굽기 위해 설치한 소금가마를 말하는데, 크기에 따라 대·중·소·소소小小·협협峽 으로 나누고, 재질에 따라 토분土盆·철분鐵盆 등으로 나뉘었다.

10月 25日

익조가
적도에서 겪은 일

아침 일찍 일어나 관아 뒤에 올라가서 해 뜨는 것을 보려 했는데 구름이 가려서 볼 수 없었다. 곧바로 행장을 꾸려 출발해 노구창蘆邱倉에 도착하니 바닷물이 빙 둘러져 있어 또한 섬 안에 있는 것 같았다. 소금가마鹽盆[69]가 언덕 위에 펼쳐져 있었다. 곧 바닷가로 나아가서 배를 타고 적도로 들어가려 했다. 그런데 바람에 갑자기 파도가 일어서 위험하므로 들어갈 수 없었으니 매우 한스러웠다. 대개 적도는 바다 속에 있는데 물길이 10리나 되고 둘레가 10리쯤 된다. 모습이 엎드린 거북과 같았으며 사면의 암석이 모두 붉었으므로 이렇게 이름이 붙은 것이다.

옛날 우리 익조가 알동에 있을 때 여진의 추장이 그를 꺼려서 해치려 했다. 익조가 길에서 늙은 할미 한 사람이 물동이를 머리에 이고서 사발을 손에 들고 오는 것을 만났다. 목이 말라서 마실 물을 찾으니, 늙은 할미가 곧바로 사발을 씻어 물을 따라 올리면서 여진족이 원병을 얻어 해치려는 상황을 고하였다. 익조가 서둘러 집에 돌아와서 식구들을 배에 타게 하고 두만강을 따라 내려와 적도에서 모이기를 약조했다. 홀로 손비孫妃과 함께 말을 달려 바닷가에 이르니, 뒤쫓는 적군들이 거의 따라잡게 되었으나 배가 없어 건널 수 없었다. 갑자기 보니 조수나 석수가 들어올 때가 아니었는데 물이 저절로 빠져버렸다. 곧바로 말을 몰아 앞으로 나가서 가까스로 건너편의 언덕에 올라가니 물이 다시 크게 들이닥쳐서 쫓아오는 적들이 건널 수 없었다. 그리하여 식구들 중 강 길을 따라 들어온 자가 먼저 섬 안에 있다가 드디어 움집을 만들어 살게 되었는데, 그 터가 지금도 남아 있다. 정조 정미丁未(1787)년에 어제御製로 그 일을 기록하여 빗돌을 세우고 비각을 건립했다고 한다.[70] 점심을 먹은 뒤 20여 리를 갔으니 고을까지의 거리는 10여 리가 남아 있었다. 덕릉의 옛 비각과 안릉의 옛 비각을 봉심奉審[71]하였다. 대개 목조와 효비孝妃 옛 능허陵墟인데 거리는 5리가 안 되었다. 태종 10년에 함흥으로 옮겨서 봉안하고 석비石碑는 풀 사이에 묻어버려서 있는 곳을 알지 못했다. 숭정 원년에 부사 최진립崔震立[72]이 적지赤池[73] 옆에 있는 대원봉大圓峯 아래에서 얻었으며, 영묘英廟 기사己巳(1749)년에 부사 홍중일洪重一[74]이 비각을 세우고 덕릉 비를 봉안하였는데 앞에는 '목조穆祖 덕릉德陵'이라 새기고 뒤에는 '홍무洪武 28년 2월 일 세운다'라고

70
이와 관련된 내용으로는 『홍재전서』「경흥부 적도기 적비명 병서慶興府 赤島紀蹟碑銘 幷序」가 있다.

71
임금의 명으로 능이나 묘를 보살피던 일.

72
1568~1636. 조선 중기의 무신. 본관은 경주, 자는 사건士建, 호는 잠와潛窩, 시호는 정무貞武다. 1634년 전라 수사를 거쳐서 1636년 공주 영장으로 병자호란을 맞자 감사 정세규鄭世規를 따라 참전하여 용인 험천에 이르러 청군을 만나 끝까지 싸우다가 전사하였다. 저서로는 『정무공기실貞武公紀實』 두 권이 있다.

73
경흥도호부 남쪽 10리에 있다. 둘레가 몇 리에 달하며, 북쪽으로 두만강에 연접해 있다. 전하는 말에, 우리 도조度祖께서 검은 용을 쏜 못이라 한다. 『신증동국여지승람』 참조.

74
1700~1771 이후. 본관은 풍산豐山, 자는 수이壽爾다. 1738년 금성위錦城

尉 명원明源의 아버지 박
사정朴師正을 강화 유수로
임명하려 하자 서차序次를
뛰어넘어 가자加資에 오점
을 남기는 조치라고 논핵
하다가 외임으로 출보되
어 경성 판관과 북평사로
나갔다. 1742년 11월 동
지 겸 사은사의 서정관이
되어 청나라에 다녀온 뒤,
1746년 동래 부사를 지냈
다. 1748년 대사간을 지냈
다. 1769년 동지의금부사
에 특별히 발탁되고 이어
좌윤·대사헌, 예조 참판
을 지냈다.

75
이와 관련된 내용으로는
『홍재전서』「경흥부 적지기
적비명慶興府 赤池紀蹟碑
銘 幷序」이 있다.

76
1724~1802. 조선 후기의
문신. 본관은 풍산豐山,
초명은 양한良漢, 자는 한
사漢師, 호는 이계耳溪다.
문장이 바르면서 숙련되
고 법칙이 있어서 당시 조
정의 신료 가운데 그를 따
를 사람이 없다는 평을 얻
었다. 글씨도 진체晉體와
당체唐體에 뛰어나 많은
작품을 남겼다.

77
홍양호가 지은 「사룡대射

새겼으며, 안릉비는 앞에는 '효비안릉孝妃安陵'이라 새
기고 뒤에는 덕릉에 쓴 글자와 같았는데 모두 문드러
져서 획이 없어졌으나 알아볼 수는 있었다. 능이 있
던 곳은 모두 흙을 모아서 무덤의 모습과 같이 했다. 또
5리쯤 가서 적지비각赤池碑閣을 봉심하였다.[75] 대개 적
지가 북으로는 두만강과 이어져 있고, 둘레는 10여 리
나 된다. 도조度祖가 망덕산望德山 아래에 있을 때 꿈에
신옹神翁이 두 차례나 와서 말하기를 "나는 남지南池의
백룡白龍이오. 흑룡黑龍이 쳐들어오니 원컨대 공은 흑
룡을 쏘아 죽여서 내 집을 편안하게 해주면 경사가 공
의 후손에게 미칠 것이오"라고 하였다. 이튿날 과연
두 마리 용이 만나서 싸우자 이에 그 검은 용을 쏘니
피가 흥건하게 나서 못이 모두 붉게 되었으므로 그
못물을 적지라 했다. 검은 용이 꼬리를 끌고 강기슭으
로 달아났으니 아직도 이리저리 휘어서 꺾인 곳이 있
다. 그러므로 그 포구를 굴신포屈申浦라 한다. 정조 정
미년에 어제로 행적을 적어서 비를 세우고 비각을 건
립했다. 부사 홍양호洪良浩[76]가 일찍이 그 아래에 사룡
대射龍臺[77]를 세웠는데, 올여름에 무너졌다고 한다. 저
녁에 경흥부에 들어갔는데 고을 수령이 병이 나서 만
날 수는 없었다. 병영에 있는 교리 편에 열두 번째 편
지를 보았다. 이날에는 70리를 다녔다.

10月 26日

덕명관에서
자다

아침 일찍 출발하였는데 봄처럼 날씨가 따스했다. 아오지진阿吾地鎭에서 점심을 먹었다. 아오지진의 모습은 비록 쇠잔하였으나 시골 마을들이 펼쳐져 있고 농경지가 넓게 개척되어서 살 만한 지역이었다. 미전첨사美錢僉使가 일부러 찾아와서 위로하고 갔다. 저녁에 덕명관德明館에서 잤다. 덕명관은 온성 땅인데 또한 살 만한 곳이었다. 이날에는 80리를 다녔다.

10月 27日

종산서원을
참배하다

아침 일찍 출발하여 만파령萬坡嶺을 넘었는데, 꽤나 험준하였다. 부계涪溪에서 점심을 먹었으니 곧 종성 땅이다. 종산서원鍾山書院[78]을 지나다 참배하였는데 곧 정여창鄭汝昌, 기준, 유희춘柳希春, 정엽鄭曄, 정홍익鄭弘翼, 김상헌金尙憲, 정온鄭蘊, 유계, 민정중閔鼎重, 조석윤趙錫胤, 남구만 등 11명의 현인을 평안하게 모시는 곳으로 사

龍臺, 「사룽대기射龍臺記」가 남아 있다.

78
종성서원鍾城書院이라고도 한다. 1667년에 지방 유림의 공의로 기준·유희춘·정엽·조석윤·유계의 학문과 덕행을 추모하기 위해 십주도회서원十州都會書院을 창건하여 위패를 모셨다. 그 뒤 1669년에 정여창, 1684년에 정홍익을 추가 배향하였다. 지방 유림이 회령서원會寧書院을 이 서원에 통합할 것을 건의하여 1686년 '종산鍾山'이라 사액되어 종산서원으로 명칭을 변경했으며, 회령서원에 봉안되었던 김상헌과 정온을 추가 배향하였다. 그 뒤 다시 민정중과 남구만을 추가 배향하였다. 선현 배향과 지방 교육의 일익을 담당해오던 중 대원군의 서원 철폐로 훼철되었다.

액서원賜額書院이었다. 서원의 유생들 중에는 더러 와
서 보는 자도 있었다. 이 근처에는 시골 사람들로서
문학文學으로 이름 있는 이가 많아서 꽤나 빛나 볼 만
하다고 한다. 저녁에 행영으로 말을 달려 들어갔으니
이날에는 60리를 다녔다.

10月 28日

병상과 우후를
배알하다

식사 뒤에 들어가서 병상과 우후虞侯를 배알했다.
고령 첨사高嶺僉使가 와서 만나보았다.

10月 29日

순제의
채점을 마치다

회령에서 실시된 순제의 채점을 마쳐서 돌려보냈
다. 처음으로 가미육미탕加味六味湯[79]을 복용했다.

79
신수腎水 부족不足, 요슬
산통腰膝酸痛을 치료하는
처방.

十一月

11月 1日

순제의 문제를
출제하다

망궐례를 행하였다. 회령과 경성에서 다시 순제의
문제 네 개를 출제했다. 첫 번째 문제는 시와 부가 같
은 제목으로 "제자리를 얻었다. 제자리를 얻었다得其
所哉, 得其所哉"[1]였고, 두 번째 문제는 "진평陳平에게 재상
자리를 얻게 했다면 천하가 또한 이와 같이 한가롭게
될 것이다"[2]였다. 세 번째 문제는 "밥 먹을 생각은 없
었으나 일찍이 거록鉅鹿[3]에 있지 않을 때는 없다"였으
며, 마지막 문제는 "그해에 칠석 되자 견우를 웃노라"[4]
였다.

11月 3日

열 번째 편지를
부치다

조금 눈이 내렸다. 함흥으로 가는 편에 열 번째 편
지를 부쳤다.

1
사람이나 사물이 마땅히
있어야 할 곳을 얻는다는
뜻의 한자성어. 만물은 각
기 스스로 있어야 할 곳
에 있어야 제 구실을 다할
수 있다. 물고기는 물이 있
어야 살 수 있고, 범은 숲
에 있어야 제 능력을 발휘
할 수 있다. 이처럼 자신이
마땅히 있어야 할 곳을 얻
거나, 마땅히 있어야 하는
곳을 가리키는 말이다. 『맹
자』「만장 상萬章上」'취처
여지하장取妻如之何章'에
나오는 말이다.

2
진평분육陳平分肉을 이른
다. 한漢나라 재상인 진평
이 미천한 신분으로 고상
리庫上里에 거주할 때 향
리의 사제社祭에서 고기
와 음식을 골고루 나누어
먹이니 부로父老들이 "참
잘한다"고 칭찬하자, 진평
이 말하기를 "나에게 천하
를 요리하게 하면 이와 같
이 공평하게 할 것이다"라
고 하였다.

3
중국 하북성 남부에 있는
유적. 항우와 진秦나라 군
사의 옛 싸움터임. 12세기
초에 황하의 큰물이 넘쳐
흘러 묻힌 곳으로, 근년에
송나라 때의 유명한 도자

기가 출토됐다.

4

이상은李商隱의 「마외馬嵬」
에 "此日六軍同駐馬, 當時
七夕笑牽牛"라 나온다.

5

1731~1798. 조선 후기의
문신. 본관은 의령宜寧,
자는 성원聖源, 호는 오
룡재五龍齋다. 종성 출신
으로, 한몽린韓夢麟의 문
인이다. 1750년 진사가
되고, 영조·정조대에 참
봉·첨정을 거쳤으며, 전
라도에 지방관으로 파견
되어 치화治化를 잘하였
고, 뒤에 공조좌랑에 이
르렀다. 효행이 뛰어나 향
당의 효자로 불렸으며, 시
문집 1권 외에 『오룡재유
고』를 남겼다.

6

조선시대에 나라의 경사스
러운 날에 원이 궐패에 절
하던 예식.

11月 4日

지역 인사의
문집을 선물 받다

　종성에서 과거 보러 오는 선비 편에 열 번째 편지를
보았다. 부계涪溪 남대임南大任은 흠곡歙谷 남양룡南陽龍
의 아들이고, 평택平澤 남명학南溟鶴은 호가 오룡재인
사람의 손자이며, 참봉 한여두韓汝斗는 호가 수헌睡軒
인 사람의 외증손이다. 우리 집과는 대대로 사귀어온
정이 있고 또 그는 학행이 있는 것으로 알려졌다. 그
리하여 지난번에 보고 아전을 보내 안부를 묻고는 한
번 뵙기를 청했던 것이다. 그런데 병을 핑계로 오지 않
고 편지를 써서 그 편에 『오룡재유고五龍齋遺稿』와 『수헌
유고睡軒遺稿』를 보내주었다.

11月 5日

순제를 채점해서
보내주다

　동짓날에 망하례望賀禮[6]를 행했다. 종성에서 치른 순
제를 채점해서 보내주었다. 가까운 고을의 유생들이
연일 다투어 와서 시권을 바쳤으므로 모두 함께 채점

153

해서 보내주었다.

11月 9日

**열한 번째
편지를 받다**

회령의 김재규金載達 편에 열한 번째 편지를 받아보
았다.

11月 10日

**순제를 채점해서
보내주다**

회령에서 치른 순제를 채점해서 보내주었다.

11月 15日

**밤에 누대에
올라가다**

망궐례를 행하였다. 눈이 조금 내린 뒤에 달빛이 씻
은 듯하였으므로 밤에 남문의 누대에 올라가니 답답
한 마음이 풀렸다.

11月 18日

채점해서 보내다

경성에서 치른 순제를 채점해서 보내주었다.

11月 19日

공도회의
시관들이 모이다

7
조선시대에 각 도의 도사
都事와 강화·개성 유수
등이 해마다 가을에 지방
유생들에게 실시한 시험.

8
『논어』 「미자微子」에 나온
다.

약 먹는 것을 다 마쳤다. 종성의 수령과 경성의 판관이 찾아와서 만났으니, 대개 이튿날에 치러질 공도회公都會[7]의 시관으로 와서 모인 것이었다. 회시를 보는 유생들이 돌아와서 아홉 번째, 열다섯 번째, 열여섯 번째, 열일곱 번째 편지를 보았다.

11月 20日

공도회의
초장이 열리다

눈이 조금 내렸는데 곧 공도회의 초장이었다. 날이 샐 무렵 시험장을 설치했는데 시제는 "자로를 하룻밤 머물게 하고는 두 아들에게 자로를 뵙게 하였다"[8]였고, 부제는 "제왕齊王으로서는 손바닥을 뒤집는 것과 같다"[9]였다. 밤에 방을 내걸었으니 부의 장원에는 지태윤池泰潤이었고 시의 장원에는 조정구趙鼎九였다. 열여덟 번째 편지를 받아보았다.

11月 21日

공도회 중장이
열리다

중장中場[10]의 시험장을 설치했는데, 시제는 "먼 곳의 상소나 가까운 곳의 상소 할 것 없이 직접 답하지 아니함이 없었는데, 붓으로 문장을 쓰는 것이 물 흐르는 듯하여 일찍이 막힘이 없었다"[11]였고, 부제는 "더러는 거문고 소리를 듣는다"였다. 밤에 방을 내걸었는데 부의 장원은 백장현白章顯이고 시의 장원은 김종경金鍾慶이었다.

11月 22日

종장이
열리다

종장終場[12]의 시험장을 설치하였으니 시와 부는 제

9
『맹자』 「공손추 상」에 "以齊王, 由反手也"라 나온다.

10
조선시대에 사흘에 나눠 보던 과거에 있어 둘째 날의 시험장.

11
『진서晉書』 「도간전陶侃傳」에 "遠近書疏, 莫不手答, 筆翰如流未嘗壅滯"라 했다.

12
이틀이나 사흘로 나눌 때 마지막 날 과거 보는 시험장.

13
『속자치통감』에 "人嘉彬歸
自江南, 詣合門進榜子云,
'奉敕差往江南句當公事回'
時人嘉其不伐"이라 나온다.

14
송나라 소백온邵伯溫의
『문견전록聞見前錄』에 "太
宗即位, 張齊賢方赴廷試,
帝欲其居上甲, 有司置於丙
科. 帝不悅, 有旨一榜盡除
京官通判"이라고 했다.

목이 같은데 "칙명을 받들고, 차사差使로 강남江南에 가서 공사公事를 처리하고 돌아오다"[13]였다. 밤에 방을 내걸었는데 부의 장원은 최진천崔晉天이었고 시의 장원은 최후석崔垕錫이었다. 열아홉 번째 편지를 받아보았다.

11月 23日

공도회와 백일장을 함께 치르다

공도회의 비교比較와 거접에 대한 백일장을 한곳에 모아 차렸다. 시와 부는 제목이 같은데 "하나의 방榜으로 급제를 모두 하사했다"[14]였다. 곧 방을 붙였는데 시의 초시에서는 손경훈孫慶熏이었고 부의 초시에서는 최진천이었으며, 소학강小學講의 초시에서는 오종흡吳鍾翕이었다. 백일장에서 시의 장원은 유황柳熀이었고 부의 장원은 강인황姜仁璜이었다.

11月 24日

문회당에서 거접하다

종성의 수령과 경성의 판관이 돌아갔다. 오늘 유생

들이 문회당文會堂에서 거접하였는데, 백일장에서 선발된 사람이 20명이었고 공도회에서는 비교한 사람이 20명이었으니, 이제까지 가을의 감시에 입격한 사람은 8명이었으며, 그들에게 관례를 벗어나 거접하였다. 그러나 혹은 실제의 사고實故로 인하여 돌아가 머물러 있는 자는 36, 37명이 되었다. 날마다 시제와 부제를 내고 시권을 거두어서 채점을 매겨주었다.

11月 25日

열한 번째
편지를 보내다

포폄장교褒貶將校 편에 열한 번째 편지를 부치고, 병영에서 정월 아침에 올리는 전문箋文을 만들어서 바쳤다.

11月 26日

스무 번째
편지를 받아보다

조보 편에 스무 번째 편지를 받아보았다.

11月 28日

열세 번째
편지를 받아보다

밤에 눈이 조금 내렸다. 남대의南大儀 편에 열세 번째
편지를 받아보았다.

11月 29日

무교에게 서원의 일을
관장하게 하여 놀라다

문회당에 가서 유자儒者들과 함께 한나절 동안 글
에 대한 이야기文談를 나누었다. 이어서 진북루鎭北樓
에 올라가니 높고 넓어서 매우 기뻤다. 이어 동문으
로 나와서 충렬사에 찾아가 배알하였으니 곧 황보상
皇甫相, 황보인과 김절재金節齋, 김종서, 요동백遼東伯(김응
하金應河) 세 사람에게 제향을 올리는 사당이었는데, 북
방에 사는 유생들이 일찍이 상소문을 올려서 사액을
청하였으나 윤허를 받지는 못하였다. 서원의 규칙에
무교武校에게 서원의 일을 관장케 했으니 놀라운 일
이었다.

11月 30日

접생 중 한 명이
병에 걸려 죽다

접생居生인 여유빈呂維斌은 무산 사람이었는데 병에 걸려 죽었으니, 참혹하고 참혹하다. 삭포朔布[15]와 백지 등을 지급하고 접중에서 두 섬의 쌀을 보조해주었으며, 병영에서도 포목을 제급題給[16]하여 그것으로 상喪을 치르게 하였다.

十二月

12月 1日

망궐례를 행하다

망궐례를 행하였다.

12月 2日

**열두 번째
편지를 부치다**

교통校僮 편에 열두 번째 편지를 부쳤다.

12月 4日

**스물한 번째
편지를 보다**

이조의 아전 장완국張完國 편에 스물한 번째 편지를

보았다.

12月 5日

**아파서
의원을 부르다**

1
조적糶糴은 환곡의 출납
사항을 말하는데, 회부곡
會府穀과 회외곡으로 구
분하여 기록했다.

2
가을에 새 곡식으로 받을
때 따로 받는 이자 곡식으
로 보인다.

3
환곡을 창고에서 풀어 나
눠주는 양과 남겨두는 양
의 기준이다.

4
환자還者 곡식을 받을 때,
곡식을 쌓아둘 동안 축이
날 것을 짐작하고 한 섬에
몇 되씩을 덧붙여 받던 곡
식.

최근에는 요통과 현기증으로 매우 고통스러웠다. 그래서 의원 한국찬韓國瓚을 맞이해 진맥하고 약을 짓도록 하였다.

12月 7日
양사청 곡식의 처리 문제

양사청養土廳의 곡식이 360석인데 이것은 곧 회외곡會外穀[1]이다. 그것을 종성에 주어서 봄에 풀고 가을에 거두게 하였다. 아울러 모색락耗色落[2] 45석 9두를 받아 선비들에게 제공하는 재물로 삼게 했다. 재작년 순영에서 북관에 공문을 보내 환곡을 반절은 남겨두고 반절은 풀게 했는데, 이 고을에서 공문을 시행하는 데 정신이 팔려서 양사곡養土穀도 풀기도 하고 남겨두기도 分留[3] 하는 환곡에 넣었다. 이 때문에 작년 가을부터는 모곡耗穀[4]이 겨우 22여 석뿐이어서 나머지 양사養土의 수요에 태반이 부족했고, 이에 작년에는 5일만 거접하는 데 그쳤다. 이런 연유로 금년에는 병영 및 종성에 요청하여 전례에 따라 거접하게 하고 일이 그렇게 된 상황을 모두 진술하여 순영에 보고하면서 함께 곡식을 지급해주기를 청하였다. 그리하여 과연 허가許題⁵를 얻었으므로 양사절목養士節目에 일의 자세한 곡절委折을 추가로 기록하고, 원래의 조목 가운데 교정해야 합당한 대목이 있으면 그것 역시 대략 문구를 보태기도 하고 깎아내기도 하여 고쳤다. 후세 사람들이 어떻게 생각할지는 알 수 없다.

5
허제는 조선시대 해당 관청에서 백성이 제출한 청원서, 진정서 따위의 민원 서류 여백에 그 처리와 관련된 지령指令을 써서 내어주는 것을 말한다. 그 지령문을 제사題辭 또는 제음題音이라고도 했다.

12月 10日

**초결草訣을
써서 주다**

조보 편에 스물두 번째 편지를 받아보았다. 거접하던 유생들은 거접이 끝나자 돌아갔다. 17명의 등급을 따져서 정하고 각각 종이·붓·먹으로 등급을 나누어서 시상하여 보냈다. 요즘에는 찾아와서 초서 글씨를 구하는 자가 많으므로 함께 붓을 휘둘러 글씨를 써서 주었다.

12月 11日

**두 쌍의
산새를 얻다**

요즘 두 쌍의 산새를 얻었다. 그런데 정수리가 붉은

「오수도午睡圖」,
이재관. 종이에 엷은색.
122.0×56.0cm.
삼성미술관 리움.
선비가 마당에 새(학)를
놓아 기르는 장면이다.

것은 학과 같고, 털이 얼룩진 것은 꿩과 같았다. 몸이 작은 것은 참새와 같고 몸이 가벼운 것은 제비와 같았다. 잘 길들여지는 성질이라 사람을 봐도 피하지 않았다. 새조롱을 앉은 자리 앞에 두었으니 또한 한가한 가운데 세상일을 잊을 거리로 삼을 만하였다.

12月 14日

고령 첨사의
보장을 보다

내년에는 중궁전中宮殿의 보령이 40세가 되어서 경사스러운 일에 진하한다고 들었다. 병영에서 올릴 진전문進箋文 두 벌과 배전문陪箋文을 지었다. 장교 편에 열세 번째 편지를 부쳤고, 조보 편에 스물세 번째 편지를 받아보았다. 고령 첨사의 보장報狀[6]을 통해서 "북경의 통관 두 사람이 먼저 왔는데 사람이 여섯이었고 말이 6필로 강을 건너서 왔다"고 들었다.

6
어떤 사실을 위 관원에게
알려 바치는 공문.

12月 15日

요통과 현기증으로
고생하다

망궐례를 행하였다. 전최殿最[7]에서 상등上等을 차지했는데, 제목은 "학문을 권하고 무예를 장려하니 여러 사람의 칭송이 한창 무성하였다"라고 했다. 회령 부사의 보장에 의해 "두 명의 통관이 먼저 와서 관청에 들어갔다"고 들었다. 정리해놓은 장달狀達[8]을 발송하는 데에 열네 번째 편지를 부쳤다. 요즘 요통과 현기증이 매우 심해졌으니 아마 원기가 모두 허한 소치와 같다. 그러므로 지난번에 의원 한국찬을 맞이해 진맥하여 약을 지어오라고 하였다. 뒤에 단천에서 약재를 구했고, 무산에서 녹용을 구했으며, 회령에서 인삼을 구해 오늘부터 먹기 시작했다. 두 명의 통관 아래의 사람이 117명이고 말이 452필이며, 노새가 아홉 마리이고 발거撥車[9]가 27개인데, 강을 건너와서 관소館所[10]에 들어왔다는 보고를 들었다.

12月 17日

오라의 차장이 먼저 오다

"오라의 차장次將이 먼저 왔는데, 사람이 9명이고 말이 18필로 강을 건너와서 관소에 들어왔다"는 보고를 들었다.

12月 18日

여러 업무를
처리하다

11
조선시대 중국과의 사이
에 외교적인 교섭이나 통
보, 조회할 일이 있을 때
에 주고받던 공식적인 외
교 문서.

12
조선시대에 가장 높은 행
정 관청.

13
여기서는 수레의 하나로
쓴 것이다.

    회령 수령의 보장에 의해 "북경의 통관(통역관)이 개시자문開市咨文(시장을 열자는 자문)을 가지고 왔다"는 소식을 들었다. 역관譯官에게 말하기를, "자문咨文[11]이 예부禮部에서 나왔는데 우리가 여기 올 때에 예부의 여러 관리가 말하기를, '이미 조선에서 없앤 것이니 그대로 가져가는 것이 좋겠다'고 운운하였다"라고 했다. 역관이 회령 수령에게 전달하였고 회령 수령은 이 자문의 조목을 가지고 의주에서 나왔는데 이제 통관이 가지고 온 것을 곧바로 시읍에 보냈으니 격식에 어긋나는 예가 있게 되었다. 이튿날 역관을 시켜 통관에게 돌려주니 통관의 말 중에 '재차 가지고서 돌아가는 길은 없다'고 하였다. 그러므로 사실에 의거해서 따로 장달狀達을 만들어 묘당廟堂[12]에게 품지稟旨하여 분부하도록 하였다. 뒤이어 열다섯 번째 편지를 부쳤다. 차장次將 이하는 사람이 66명이고, 말이 277필이고, 노새가 한 마리이고, 발거[13]가 25개였으며 통관 집에서 부리는 일꾼들로서 뒤에 낙오된 이가 53명이고 말이 264필이었는데 강을 건너와 관소로 들어왔다는 보

14
감색監色. 감관監官과 색
리色吏를 아울러 이르는
말.

15
창고 관리 아전들.

16
영고탑은 만주 흑룡강성
해림에 있던 땅 이름으로
청나라의 발상지였다. '장
차'는 조선시대 지방관의
명에 의해 죄인 등을 호송
해가거나, 수취收取 등을
위해 파견된 나장羅將과
차사差使를 아울러 일컫
은 말이다.

17
많은 악기가 동시에 연주
되는 것을 말한다.

고를 들었다. 각 고을에서 환곡을 거둘 때 농간을 부
리는 창감倉監[14]과 색고色庫[15]들에 대해 죄를 따져서 벌
주는 일에 이름을 쭉 써서 각 고을에 관문을 보내도
록 하였다.

12月 19日

영고탑장차와 박씨가
먼저 왔다는 소식을 듣다

영고탑장차寧古塔將差[16]와 박씨가 먼저 왔는데 사람
이 16명이었고 말이 20필이었으며, 발거가 세 대였다.
강을 건너와서 관소에 들어갔다는 보고를 들었다.

12月 20日

장인의
상사 소식을 듣다

조보 편에 스물네 번째 편지를 받아보았다. "장인
丈人이 지난달 16일에 상사喪事가 났다"는 보고를 들었
으니 어떤 말도 귀에 들어오지 않았다. 오후에 감시監
市를 출발해 황혼녘에 길을 떠났다. 위엄 있는 거동을
크게 펼쳐서 대취大吹와 대뢰大擂[17]를 울리며 늘어선

햇불을 대낮같이 하고, 회령부로 말을 달려 들어갔으
니 대개 저 사람들에게 뽐내려고 하는 것이다. 초저녁
에 부府로 들어갔으니 이미 전례대로 한 것이었다.

영고탑장차와 박씨 이하 여러 사람이 나왔는데 모
두 128명이었고 말이 451필이었으며 나귀가 2필이고
발거가 16개였다고 들었다. 청나라 사람이 이제 강을
건너는 것을 다 마쳤으니 앞에 건너고 뒤에 건넌 사람
을 모두 헤아려보면 396명이었고 말이 1443필이었으
며 노새가 12필이었고 발거가 71개였다. 북경의 대통
관大通官은 6품인데, 이름이 길리통아吉利通阿라는 사람
이고, 차통관次通官은 7품인데 이름이 영방英芳이었다.
오라차장은 곧 이름이 부극경아富克經阿였다. 영고탑장
차는 이름이 청안淸安이고, 박씨는 곧 이름이 용안龍安
이라 하였다. 밤에 척수헌에서 잤는데, 이날에는 50리
를 다녔다.

12月 21日

공문을
발송하다

호인들이 다 양자강을 건넜다는 장달을 보낸 뒤 순
영의 공문을 통해 예부의 자문을 보았다. 그 내용에

만부灣府(의주)에서 나왔는데, 예조에서 베껴 보낸 것을 지난날 통관이 받아온 것이라 하니 이것이 무슨 자문인가. 일이 진행된 경과가 매우 이상스러워서 정황을 묻고 답신을 보내달라는 뜻으로 본 고을로 공문을 발송했다.

12月 22日

자문에 의구심을 품다

이 고을의 실정을 물은 뒤 보고가 왔는데, 호인들의 말 중에는 "전에 온 것은 반드시 통관의 품계와 명자名字를 쓰지 않고 다만 금조禁條만 있었으니 저들이 주어 올 것에는 반드시 금조를 쓰지 않고, 다만 품계와 명자만이 있을 것이라고 하였다" 한다. 그러나 예부에서 처음 보낸 자문에는 품계와 명자를 잘못 누락시켰다가 그 뒤에 이 점을 깨닫자 다시 품계와 명자를 써서 통관이 올 때 부쳐 보낸다는 것인가. 일이 매우 이상스러웠다. 또 따로 장달을 손질했다.

12月 24日

**금법을 어긴 사람에게
벌을 주다**

　눈이 조금 내렸다. 재차 상황을 물은 뒤에 장달을 오늘 처음으로 봉하여 발송하고 열여섯 번째 편지를 부쳤다. 금법禁法을 어긴 사람들에게 간단히 벌을 주었다.

12月 25日

**하마연을
행하였다**

　하마연下馬宴[18]을 행하였다.

12月 26日

**소금을
교역하다**

　공시公市에서 소금을 교역하였다.

18
중국 사신이 입경入京하였을 때 환영하는 뜻으로 베푸는 연회. 하마연은 사신이 도착한 당일, 조칙詔勅을 받든 후에 태평관太平館에서 행했다. 곧 말에서 내리자 차리는 잔치라는 뜻이다.

12月 27日

보습을
교역하다

공시에서 보습을 교역하고 하마연을 연다는 장달을 손질해 올렸다.

12月 28日

소 한 마리씩을 나누고
낙인을 찍다

공시에서 소를 한 마리씩 나누고 낙인을 찍었다. 조보 편에 스물여섯 번째 편지를 받아보았다.

12月 29日

소를
거래하다

19
백제 때의 놀이 중 하나로, 주사위 같은 것을 나무로 만들어 던져서 그 곳수로 승부를 겨루는 것이며, 윷놀이와 비슷하다.

공시에서 소를 거래하였다. 밤에 고을 수령이 나그네 마음을 위로하기 위해 술과 안주를 차려와서 이야기를 나누었다. 그런데 기생들에게 저포樗蒲 놀이[19]를 하게 하여 새벽까지 놀다가 끝마쳤다.

一月

1月 1日

북우후가 청시를 보려고
찾아와 만나다

아침 일찍 일어나 망하례를 행하였다. 상마연上馬宴[1]을 행한 뒤에 사시私市를 열었는데, 북우후北虞侯가 청시淸市[2]를 구경하기 위해 찾아와서 만나보았다.

1月 2日

장달을
손질해 올리다

사시를 열고 상마연을 연다는 장달을 손질해 올렸다.

1月 3日

사시를 열다

눈이 조금 내렸는데 사시를 열었다. "무산에서 국경을 범한 죄인의 일로 순찰사의 관직을 삭탈하고 김기은金箕殷 어른이 그를 대신해서 임명되었다"고 들었다.

1
조선시대에 중국 사신에게 베풀던 공식 연회. 입경한 사신이 영조의迎詔儀·영칙의迎勅儀 등 영접 의례를 마친 다음 임무를 수행하고 돌아갈 때까지 그들의 숙소인 태평관 또는 인정전에서 베풀던 공식 연회가 7회 있었는데, 상마연은 그중 여섯 번째였다.

2
자기 나라를 떠나서 사는 청국 사람이 이룬 시장을 이른다.

1月 4日

마시를 열다

마시馬市를 열고 문루에 올라가서 장막 틈으로 시장
을 보니, 사람과 가축이 흥성스러웠으나 그다지 장관
은 아니었다. 그러나 청나라 아이들이 말을 달려 오고
가면서 높은 가격으로 팔기를 구하는 이가 있었으니
꽤나 볼 만하였다.

1月 5日

북우후가 돌아가다

마시가 끝나고 북우후가 돌아갔다. 조보 편에 스물
일곱 번째 편지를 보냈다. 포폄장교가 돌아와서 스물
여덟 번째 편지를 보았다.

1月 6日

영고탑 사람들이
돌아가다

약 먹는 일이 끝났다. 영고탑 사람들이 철수해 돌아
갔다.

1月 7日

사사로이 물건을
산 자를 혼내주다

눈이 내렸다. 오라 사람들이 철수하고 돌아가자 고
을의 노비 중 금법을 어기고 사사로이 물건을 사는 이
가 있어서 문루에 나가 앉아 죄인을 끌고 다니며 욕보
임으로써回示 사람들에게 경고했다.

1月 8日

두 명의 통사 이하가
모두 철수하다

대국인大國人(청나라 사람)인 두 명의 통사 이하가 모
두 철수하여 종성으로 향했다.

「관북도」, 「광여도」, 31.6×24.3cm, 19세기 전반, 규장각한국학연구원.

1月 10日

장달을 올리고
행영으로 돌아오다

저녁에 눈이 조금 내렸다. 호인들이 철수하여 돌아
갔다는 장달을 손질해 올리고 행영으로 돌아와 머물
렀으니 이날에는 50리를 다녔다.

1月 11日

병상을 배알하다

들어가 병상을 배알하였다.

1月 12日

열일곱 번째
편지를 부치다

회령의 진우영陳祐永이 상경하는 편에 열일곱 번째
편지를 부쳤다.

1月 13日

통관이 왔다는
소식을 듣다

두 명의 통관이 종성에서 온성에 도착했다는 소식을 들었다. 조보 편에 스물아홉 번째 편지를 받아보았다.

1月 15日

감기 때문에
답교하지 못하다

밤에 달빛이 딱 좋았으나 마침 감기에 걸려서 답교踏橋할 수는 없었다.

1月 16日

고건원에서
유숙하다

"두 명의 통관 일행이 경원에 도착했다"는 소식을 듣고서 경원부의 시읍으로 출발하였다. 부계涪溪의 가절당嘉節堂에서 점심을 먹었다. 가절당은 오룡재 남명

일제강점기 경원 본정통의
모습. 국경 마을의 거리
느낌이 물씬 풍긴다.

학과 수헌 한여두를 함께 제향하는 곳이었으니 남대 임이란 사람의 집 뒤편이었다. 남대임이 생도들을 모 아놓고서 거기서 강학을 하고 있었는데 서책이 시렁 에 가득하였고 선비들은 정돈되어 있었으니 북관에 서는 처음 보는 풍경이다. 또 산수가 아름답고 나무가 그림자를 비추고 있었으며, 마을이 쭉 펼쳐져 있는 것 이 북관 중에서는 살 만한 지역이었다. 밤에 고건원古 乾原에서 유숙하였다. 이날에는 65리를 다녔다.

1月 17日

경원부에 들어가다

청나라 사람들이 경원부에 도착했다는 장달을 손 질해 올렸다. 점심때 출발해서 안원진安原鎭에서 잠시 쉬었으며, 어두움을 타고 경원부에 들어가기를 회령 부로 들어갈 때와 같이 하였다. 이 고을의 수령과 차사원 및 경흥부 수령이 와서 만나보았다. 이날에는 50리를 다녔다.

1月 18日

공시를 열다

조선시대에 정사를 대리
하는 왕세자의 물음이나
명령에 대하여 신하들이
논의하여 대답하는 일로,
회계回啓에 대해 낮추어
이르는 말.

하마연이 끝난 뒤 공시를 열었다. 관에서 머무르는 대국 사람들이 통관 이하만 70여 명이었다. 그런데 후춘厚春(지금의 훈춘)의 호인들은 수천 명이 아침에 왔다가 밤에 떠났는데 날마다 일상적인 일로 삼는다고 한다. 장계를 올리러 간 장교가 처음으로 돌아오자 비변사備邊司의 회달回達[3]에서 "자문을 통관이 가지고 온 것은 관례에 어긋나니 단지 엄한 말로 물리쳐 돌려보내야 하거늘, 이 사실을 장계에 언급하였으니 도리어 외람됩니다. 병사에 대해서는 추고를 청합니다"라고 하였다. 조정의 처치가 대체를 잡았다고 할 만하다. 장교 편에 서른 번째와 서른한 번째 편지를 받아보았다.

1月 19日

사시가 열리다

사시가 열렸다. 공청公廳에 나와 앉아서 문틈으로 시장을 살펴보니 사람과 가축이 많았다. 사방에서 떠들썩한 소리가 나는 것이 우리나라 시장과 다를 게 없었다. 훈융첨사가 와서 만나보고 떠났으며 경원의 원님도 돌아가겠다고 고하였다.

1月 20日

사시가 또 열리다

하마연의 장달을 손질해 올렸다. 사시가 열렸다.

1月 21日

**서른두 번째
편지를 받아보다**

눈이 조금 내렸다. 사시가 열리자 따로 장계를 올리러 간 장교가 돌아오는 편에 서른두 번째 편지를 받아보았다.

1月 22日

마시가 열리다

마시가 열렸다.

1月 23日

**후춘의 호인이
국경을 넘다**

후춘厚春의 호인이 함께 국경을 넘어갔다.

1月 25日

길주의 순제를
채점하여 보내다

4
피를 지나치게 흘려서 파
상풍이 된 것을 치료하고,
피를 생겨나게 하는 데 좋
은 처방약이다.

통관 이하가 철수해서 온성으로 향하였다. 길주의
순제는 채점하여 보냈다. 처음으로 당귀지황탕當歸地黃
湯4을 먹었다.

1月 26日

장달을 다듬어
올리다

호인이 철수해 돌아갔다는 장달을 손질해서 올렸다.

1月 27日

고건원에서 묵다

오늘은 곧 상여喪餘였으니 객지에서 슬픈 생각을 어
떻게 말로 표현할 수 있겠는가. 오후에 출발해서 고건
원에서 묵었다. 이날에는 50리를 다녔다.

1月 28日

행영으로
들어가다

부계의 창사倉舍에서 점심을 먹고 저녁에 행영으로 들어갔으니 이날에는 60리를 다녔다. 자문에 관한 일로 재차 장달하여 회답이 내려왔는데, 비변사의 회달에서 "이번에 온 자문은 이미 전의 투식이므로 즉시 받아들이게 하고, 괴원槐院(승문원承文院을 가리킴)에 회자[5]의 조사措辭[6]에 넣게 해야 합니다. 그 사건의 단서를 들으니 당초의 문정問情이 매우 불분명합니다. 병사는 월봉越捧(감봉) 삼등에 처해야 합니다"라고 하였다.

1月 29日

통관에게
보고를 듣다

병상에 들어가 배알하고 두 명의 통관에게 물어서 온성에서 종성에 도착했다는 보고를 들었다.

5
명령이나 요청에 대해 회답하는 자문.

6
글을 지음에 있어 글의 마디를 얽어서 만듦. 곧 시가詩歌의 문장에 있어서, 문자의 용법과 사구의 배치를 이른다.

二月

2月 1日

망궐례를 행하다

망궐례를 행하였다.

2月 2日

**열여덟 번째
편지를 부치다**

바람이 차가웠다. 장계를 올리러 간 장교 편에 열여
덟 번째 편지를 부쳤다.

2月 3日

**호인들이 강을 건넌
소식을 듣다**

호인들이 철수해서 강을 건너갔다는 보고를 들었다.

2月 5日

**채점한 자료를
보내주다**

호인들이 철수해서 돌아간다는 장달을 손질해 올렸다. 회령 수령이 이 고을에서 거접한 유생의 시부(시권)를 보내면서 채점해 보내줄 것을 청하기에 아울러 채점해서 보내주었다.

2月 7日
우후와 함께 송림사에 가서 놀다

우후와 함께 송림사松林寺에 가서 놀았다. 그 송림사는 영嶺 아래에서의 거리가 10리쯤 되는 산의 계곡 안에 있었다. 몇 칸밖에 안 되는 사찰에 불과했으나, 동쪽 대에는 괴이한 돌이 많이 있고 기이한 소나무가 펼쳐져 있어 한번 구경할 만하였다. 꿩을 삶아 안줏거리로 삼고, 쑥을 끓여서 국을 만들어 온종일 실컷 놀고 돌아왔으니, 우울한 나머지에 한번 화창하게 놀아서 매우 기뻤다.

2月 10日
서백수 어른의 사망 소식을 듣다

눈이 내렸다. 영흥의 수령 서백수(徐伯綏(서상록) 어른이 객관에서 돌아가셨다는 소식을 들으니 서글프다.

2月 12日

큰 바람이
불다

연일 계속해서 큰 바람이 불어 모래가 날리고 돌이 굴렀으나 원래 살고 있던 사람들은 오히려 말하기를 "큰 바람이 아닙니다"라고 하였다. 무산에 사는 호종문胡宗文 편에 서른세 번째 편지를 받아보았다.

2月 13日

우후가 잡희를
보여주다

밤에 바람이 잦아들고 달이 밝았다. 동문東門의 누대에 걸어 올라가서 달구경을 하고 방향을 틀어 진북루鎭北樓[1]에 올라갔다. 우후가 사자와 학 등의 잡희雜戱를 대동하고 와서 밤이 깊어서야 마쳤다.

1

양강도 갑산 갑산읍 갑산읍성에 있는 조선시대의 성문이다. 북한의 국보 문화유물 제157호다. 1439년에 완공된 갑산읍성의 정문 격인 남문으로, 6·25전쟁 때 불타버렸던 것을 1980년에 복구했다.

2月 14日

온종일
눈이 내리다

하루 종일 눈이 내렸다.

2月 15日

망궐례를
행하다

망궐례를 행하였다.

2月 16日

병상을
배알하다

병상이 찾아왔다. 대개 날이 밝으면 장차 시험을 보는 고을을 향해 출발하므로 술과 안주를 베풀어 가지고 와서 전송하는 것이었다. 저녁에 들어가서 병상을 배알하였다.

2月 17日

종성부에 들어가다

시험을 보는 고을을 향해 출발하여 방원防垣에서 점심을 먹고 저녁때 종성부에 들어갔다. 부시관인 고을 수령과 참시관인 경성 판관 및 차비관差備官[2]인 고령 첨사가 와서 만났다. 이날에는 70리를 다녔다.

2月 18日

감시에서 초장을 보다

눈이 조금 내렸는데 곧 식년의 감시에서 초장初場을 보는 날이었다. 날이 샐 무렵 문을 열고 시험장을 설치하였다. 시제는 "총애와 치욕에도 놀라지 않고 시험에 상등으로 합격했다"[3]였고, 부제는 "그대는 고인을 알지 못한다"[4]였다. 시권을 거두어서 보니 632장이었다. 대개 흉년이 든 탓으로 과거에 응시한 유생들이 작년보다 절반이나 줄었다. 시험지 채점을 거의 마쳤으므로 밤에 편안하게 잤다.

2
특별한 사무를 맡기기 위해 임시로 임명하는 벼슬.

3
『신당서新唐書』「노승경전盧承慶傳」에 "承慶嘉之日: '寵辱不驚, 考中上.' 其能著人善類此"라 했다.

4
후한의 양진楊震에 추거推擧된 왕밀王密이 밤에 황금 10근을 양진에게 선사하려 할 때 양진이 말하기를 "그대의 친구인 나는 그대를 아는데, 그대는 나를 알지 못하는 것이 무슨 까닭인가?" 하니, 왕밀이 말하기를 "밤이라 아무도 알 자가 없습니다" 하므로, 양진이 말하기를 "하늘이 알고 귀신이 알고 내가 알고 자네가 알거니와 어찌 알 자가 없다고 하는가" 하고 금을 물리쳤던 데서 온 말이다.

5
『역易』「송訟」에서 "象曰:天
與水違行, 訟, 君子以作事
謀始"라 하였다.

6
『주자어류朱子語類』 권14에
"天之賦於人物者謂之命,
人與物受之者謂之性, 主於
一身者謂之心, 有得於天而
光明正大者謂之明德"이라
했다.

2月 19日

**채점을
마치다**

시험지 채점을 다 마쳤다.

2月 20日

**시험을
치르다**

날이 샐 무렵 문을 열고 시험장을 설치하였다. 의제
는 "『주역』의 뜻에 일을 함에 있어서 처음을 잘 도모
한다"[5]였고, 의제는 "학문하는 순서는 등급을 뛰어넘
을 수 없는 것이거늘 『중용』 첫머리에서는 천명天命이
라 하고 『대학』 첫머리에서는 명덕明德이라 한 것은 무
엇 때문인가? 주자가 말씀하시기를 '하늘이 사람에
게 부여한 것을 일러 명命이라 하고, 사람이 하늘에서
얻어서 광명정대한 것을 일러서 명덕이다'[6]라고 했으
니 명과 덕에는 무슨 분별이 있으며 『중용』과 『대학』
에서 서로 표리되는 것은 무엇 때문인가?"였다. 시권
을 거두어 보니 405장이었다. 시권의 채점을 거의 마
쳤다.

2月 21日

합격자 명단을
발표하다

아침에 합격자 명단을 발표했는데 부의 장원은 석
이운石履雲, 시의 장원은 황대헌黃大憲, 의疑의 장원은 한
협조韓協祖, 의義의 장원은 강재황姜在璜이었다. 회시를
보는 유생들이 모두 급하게 서둘러서 서울로 출발하
려 한다기에 열아홉 번째 편지를 부쳤다.

2月 22日

곡천사에서
놀다

고을 수령, 경성 판관과 함께 곡천사谷泉寺에서 놀았
다. 곡천사는 고을의 남쪽 10리쯤 되는 산골짜기 안
에 있었는데 볼 만한 것은 없었으나 중들이 모두 재
가승이었다. 중의 아내와 자녀들이 촘촘히 모여 구경
하고 있으니 우스꽝스러웠다. 나는 이 고을의 수령과
모두 중제重制7가 있어 음악을 들을 수는 없었다. 경성
판관이 기생의 풍류를 대동하고 와서 여러 기생의 검
무를 보았다. 저녁 무렵에 발길을 돌려 뇌천각에 올라

7
대공大功 9개월 이상의 상
복喪服을 이른다.

가 기생들이 말 달리는 것을 구경하였다.

2月 23日

문서를 손봐서
보내다

합격한 시험지 등의 문서를 손질해서 보냈다.

2月 26日
선조의
비각을 보다

8
임금의 명으로 능이나 묘를 보살피던 일.

동당시를 보는 고을로 출발했다. 이 고을의 수령만 동행하게 되었고 경성 판관은 어제 먼저 출발하였다. 영달에서 점심을 먹고 온성에 말을 달려 들어가 남문 밖에 이르니, 고을 아전이 길옆에 선조先祖의 비각이 있다고 고하였다. 그러므로 말에서 내려 살펴보았는데奉審8 제작한 것이 단단하고 단청이 아름다웠으며輪奐, 비의 표면에 덧붙여 새기기를 "무자戊子년 봄에 8세 손인 래겸來謙이 북평사로 와서 여기다 옮겨 세우고 비각을 지었다"고 하였으니 이 고을 수령의 진심이 매우 감동스러웠다.

이어서 남문루南門樓에 걸어 올라가 조금 쉬고, 아헌
에 들어가서 머물렀다. 대개 객관이 누추해서 유생의
숫자가 적었기 때문에 시험장을 아문 안에 설치했다
고 한다. 이 고을의 수령과 경성 판관이 와서 만나보
았다. 이날에는 70리를 다녔다.

2月 27日

동당시를
치르다

하루 종일 눈이 내렸다. 청명清明이 이미 여러 날 지
났는데도 사방의 산들이 희어서 아주 추운 겨울과 같
았다. 날이 샐 무렵 시험장을 설치하였다. 논제는 "두
자식을 나와서 보았다"[9]였고, 의제는 "맹자가 말씀하
시기를 '좌우 사람들이 모두 어질다 하더라도 옳게 여
기지 말며, 여러 대부大夫가 어질다 하더라도 옳게 여
기지 말며 온 나라 사람들이 모두 어질다고 말한 뒤에
야 그를 살펴보아서 현명함을 보게 된 뒤에야 그를 쓰
며, 좌우 사람들이 모두 말하기를 '안 된다'고 하더라
도 듣지 말고 여러 대부가 모두 말하기를 '안 된다'고
하더라도 듣지 말며, 나라 사람들이 모두 '안 된다'고
한 뒤에야 그것을 살펴서 안 된다는 점을 본 뒤에야

9
뒤에 다음과 같은 내용의
글이 나온다. 여기서는 이
것을 말하는 것으로 보인
다. 臘月開市 時以會寧前座
首尹大股 自來 作弊於市場
事 先期捉囚事 發關矣 發
關矣 尹也知幾逃躱 故連爲
嚴關譏捕 代囚其子而終不
現形 又移囚其二子於鍾城
而又不現形 故向到鍾城時
又移囚其二子於吉州矣.

10
『맹자』 「양혜왕 하梁惠王下」
에 나온다.

11
「시경」 「계명鷄鳴」에 "東方
明矣, 朝旣昌矣, 匪東方則
明, 月出之光"이라 나온다.

12
「서경書經」의 편명. 중국
주나라 주공이 성왕에게
군주의 도리를 설명하면
서 특히 안일함에 빠져서
는 안 된다고 경계한 글.
서두에서 "아 군주는 안일
이 없는 법이다" 하고, 이
어 임금의 친경親耕과 권
농勸農을 통해 백성의 노
고 및 생활의 어려움을 이
해하며, 임금 스스로 근면
하고 근신하여 안일에 빠
지지 말 것이며, 상벌을 바
르게 하라는 등의 이야기
를 기록했다.

그만두게 한다'[10]고 하였으니, 무릇 사람의 현명함과 어리석음은 이미 중론의 공평함에서 판단되었는데 또 반드시 그것을 살핀다고 하는 것은 어째서인가"였다. 거둔 시험지가 67장이었는데, 채점을 마쳤다. 유원첨사柔遠僉使 김명린金命璘이 바야흐로 서울로 올라간다고 하므로 스무 번째 편지를 부쳤다.

2月 28日

부제와 표제를 채점하다

날이 샐 무렵 시험장을 설치하였다. 부제는 "월출지광月出之光"[11]이었고, 표제는 "주周나라의 여러 신하가 주공周公을 축하하려고 무일편無逸篇[12]을 올렸다"였다. 시험지를 거두니 86장이었는데, 시험지 채점을 다 마쳤다. 은산殷山의 김의원 편에 서른네 번째 편지를 보았다.

2月 29日

책제를 치르다

날이 샐 무렵에 시험장을 설치하였다. 책제는 "삼경

사서三經四書를 묻노라 운운"이었다. 시험지를 거두자
모두 18장이었는데 시험지 채점을 다 마쳤다. 병영 편
에 서른다섯 번째 편지를 받아보았다.

三月

3月 1日

합격자 명단을
게시하다

밤부터 큰 눈이 왔는데 아침에야 비로소 그쳤다. 망
궐례를 행하였다. 이른 아침에 합격자 명단을 게시했
는데 부의 장원은 박사겸朴思謙이었다. 회시를 보는 유
생들 편에 스물한 번째 편지를 부쳤다. 종성과 경성의
두 수령이 먼저 돌아갔다.

3月 2日

문서를 손질해서 보내다

또 눈이 내렸다. 합격한 시험지 등의 문서를 손질해
서 보냈다. 훈융첨사가 와서 보았다.

3月 3日

드디어 서울로
출발하다

아침 일찍 일어나서 행장을 꾸려 출발하였다. 집을
떠난 지 아홉 달 만에 이제야 비로소 돌아가게 되었

으니 아주 호탕하다고 이를 만하였다. 2000리 길이라 이달 초하루 안에 반드시 서울에 도착하기가 어려울 터이니 행역의 어려움에 나도 모르게 머리가 지끈지끈 아팠다. 영달에서 점심을 먹고 저녁에 종성에 도착해서 잤다. 이날에는 70리를 다녔다.

3月 4日

윤대은이 스스로 목숨을 끊다

하루 종일 눈이 내렸다. 눈을 무릅쓰고 길을 떠나 방원防垣에서 점심을 먹었다. 높은 고개에서 조금 쉬었는데 눈보라가 매우 사나워서 일행이 벌벌 떨었으므로 주인이 술을 데우고, 고기를 삶아 추위를 막아주었다. 저녁에 회령부에 도착해서 유숙하였으니 이날에는 90리를 다녔다. 섣달에 시장을 열 때에는 회령의 전前 좌수 윤대은尹大殷이 예로부터 시장의 일에 폐단을 짓는다 해서 사전에 좌수를 잡는 일을 가지고 공문을 보냈다. 윤대은이 그 기미를 알자 도망가서 숨었으므로 잇달아 엄한 공문을 만들어서 그를 잡으라 꾸짖으면서 그 아들을 대신 가두었다. 그러나 끝내 모습을 나타내지 않았고, 이에 그 둘째 아들을 종성에 옮겨 가두었지만 그래도 모습을 나타내지 않았다. 그러므로 지난날 종성에 이르렀을 때 또 그 둘째 아들을 길주에 옮겨다 가두었다. 이제 듣자니 윤아무개(윤대은을 가리킴)가 필경에는 도망가기 어려울 것을 알자, 목을 매달아 스스로 죽었다고 한다. 무릇 그 죄상은 시장을 열면 폐단이 될까 염려되어서 시장이 끝날 때까지 옥문 밖으로 내보내지 않으려고 했을 뿐이다. 그와 같은 죄를 지은 사람들은 모두 볼기 열 대씩 때리고 10여 일을 옥에 가두고 말았다. 윤아무개의 경우는 나이가 칠십에 가까운 늙고 병든 사람이어서 애당초 곤장도 치지 않으려고 했다. 그런데 봄 꿩처럼 겁을 집어먹고서 먼저 스스로 도망하여 숨었으며, 여러 달 동안 나타나기를 독촉했으나, 끝내 모습을 보이지 않았다. 다만 북평사가 조정으로 돌아갈 날만 기다리는 것은 그 정상이 괘씸해서 반드시 잡으려고 했던 것이다. 그런데 자살하는 지경에까지 이르렀으니, 꿈에서라도 생각지 못한 일이었다. 그 사람이 비록 매우 어리석고 지극히 미혹하였으며, 병에 시달려 본성을 잃었는데도 오히려 나 때문에 그렇게 되었다는 한탄이 있었으니 참혹한 마음을 이길 수 없었다.

3月 5日

하루 종일
앉아 있었다

　하루 종일 큰 바람이 불었다. 처음 생각에는 오늘 볼하진에 가보려고 했다. 그런데 날씨가 매우 궂어서 가볼 수 없었다. 볼하진은 곧 옛날의 오국성인데 고적古蹟이 있으며, 경치도 볼 만하다고는 하나 세 차례나 이 고을에 왔어도 끝내 한 번도 구경할 수 없었으니, 그 또한 운수소관인가. 다만 스스로 바라보면서 슬플 따름이었다. 하루 종일 문을 닫고 한가롭게 앉아 있었다. 북우후가 지나는 길에 와서 만나보고 갔다.

3月 6日

기녀와
헤어지다

　바람이 그쳤다. 일찍 출발하였는데 옥玉이란 이름의 기녀가 지난겨울 행영에 와서 머무르면서 서로 의지하려는 것 같았다.[1] 그러나 이제 오랫동안 이별하게 되니, 기녀가 눈물을 흘리면서 차마 말을 못 잇는다. 나도 그 때문에 서글퍼서 눈물을 흘렸다. 고풍산에

서 점심을 먹고 무산령으로 올라가니 사나운 눈보라
를 만났다. 고개에서 내려오자 바람이 조금 부드럽고
버드나무가 누른빛을 띠었으며 들녘에는 밭갈이하는
사내들이 있었으니 육진과는 딴판이었다. 밤에 부령
에 도착해서 잤는데 이날에는 120리를 다녔다.

3月 7日

경성으로
들어오다

　일찍 출발하여 수성역에서 점심을 먹었다. 찰방이
미리 와서 서로 만나보고 떠났다. 길 중간쯤에 당도하

과거 급제자 신래하는 모습.

2
방방放榜이라 하여 임금님이 급제를 인정하는 홍패를 하사할 때까지 이 급제수난은 지루하게 계속된다. '호신래呼新來'라는 것도 그중 하나다. 방방 전까지는 이 급제자를 신래자라 부르는데, 선배 급제자들이 가마를 타고 몰려와서 집 근처에 진을 치고 신래자를 불러낸다. 의관을 갖추고 나타나면 얼굴에 깜장칠을 하는가 하면 개 홀레하는 시늉도 하게 하고 시궁창에 눕히는 등 갖은 모욕을 가한다. 이 신래 학대에는 나름대로 관습적인 제한이 있다……(『이규태코너 한국의 웃음학』, 기린원 228~229쪽 참조)

3
수유는 말미를 받음. 곧 관원이 사사私事로 인하여 청가원請暇願을 올려 허가를 받는 것을 말한다.

자 새로 급제한 황회영黃晦瑛이 말 위에서 호신呼新[2]하는 것을 만났다. 이어서 그들에게 앞에서 인도하게 하여 경성으로 말을 달려 들어갔는데 일찍이 오래 머물렀던 곳이었다. 반년 만에 다시 오게 되니 고향에 돌아온 것처럼 황홀하였다. 이날에는 100리를 다녔다.

3月 8日
상여가 나가는 날이기에 서글프다

오늘은 상여가 나가는 날이니, 객지에서 서글픈 생각을 말할 수 없었다. 들어가 병상을 배알하였다.

3月 9日
휴가를 청하는 소장을 올리다

병상과 고을 수령이 모두 술과 안주를 준비해와서 전별하였다. 병영에서 휴가를 청하려는受由[3] 소장을 올리고呈狀 밤중에 들어가 병상을 배알하였다.

「산방전별도」,
신명준, 종이에 엷은색,
22.0×26.5cm, 개인.

3月 10日

아름다운
장연호

길을 떠나 영강永康에서 점심을 먹고 저녁에는 주촌
朱村에 도착했으나, 시간이 신시申時가 되지 않았다. 처
음에는 이번 여행에서 어랑漁郎[4]의 여러 좋은 곳을 찾
아보려고 했지만 빙판길이 지금 막 풀리고 있어서 길

4
함경북도 어랑.

彰烈祠
鏡城府南一百里有禦亂里或稱奧即
里里有八景臺臺南十里許有茂溪湖
乃壬辰倭亂時義士李鵬壽邀鄭評事
文孚起兵處也今上乙巳評事李端
夏倡義立祠于湖上享鄭公而以同盟
人鵬壽配焉又作龍書堂于其側
以爲儒生居業之所祠在西峯下高阜
而前有小山橫抹如新月之吐半浸湖
水蒼翠欲然四面諸山削立如彩舜之
圍而其中平圓成湖縱廣九里芰荷菱
芡綠淨如拭溫藉清麗殆不可名北
地山川大抵鹿屯軒豁之觀則固可易
得而山彎水環未有如此地之幽靚者
壹天亦欲彰鄭公之忠烈特設別區於
荒裔之域以妥其靈也耶

「창렬사」, 『함흥내외십경도』, 51.7×34.0cm, 18세기, 국립중앙박물관. 경성부 남쪽 100리 지점에 어랑리가 있고, 이 마을에 팔경대가 있으며, 창렬사를 지었다.

을 가기가 매우 어렵다고 하였다. 또 시간을 허비할 수가 없어서 매우 섭섭한 채로 그대로 왔다.

이제 듣자니 장연호長淵湖[5]는 여기에서 거리가 10리도 떨어져 있지 않을 만큼 가깝다 하기에 말 한 필을 타고 가서 구경하니, 산 계곡 사이에 호수 물이 꽉 차 있었다. 길이가 10리쯤 되고 너비가 3리쯤 되며 그 깊이는 잴 수 없었으나 맑아서 밑바닥까지 볼 수 있으니 과연 좋은 경치였다. 대개 어랑에는 경치가 좋은 다섯 개의 호수가 있었는데 장연호가 그중 하나다.

여름에서 가을로 넘어갈 때에는 연꽃 향기가 코를 찌르고 버드나무 빛깔이 눈에 어른거린다. 또 팔경대八景臺[6]가 있는데 승경勝景이라 한다. 그런데 지금은 호수밖에 볼 만한 것이 없었다. 날이 저물어 관사에 돌아와서 잤으니 이날에는 110리를 다녔다.

3月 11日

명천부로
들어가다

해질 무렵 출발해서 귀문관鬼門關을 들러 명천부로 말을 달려 들어갔다. 새로 온 수령 오현문吳顯文이 나와서 만나보았다. 이날에는 60리를 다녔다.

5
함경북도 경성 주남면·어랑면에 걸쳐 있는 호수. 함경도 제2의 호수다. 『신증동국여지승람』에서는 장자택長者澤이라 불렸고, 길이 15리, 너비 3리, 깊이 600여 척이라 하였다. 호안은 울창한 삼림으로 둘러싸여 호수와 함께 절경을 이룬다.

6
어랑천변과 서연호西蓮湖 사이에 있는 경치가 아름다운 여덟 곳을 말한다. 어랑천 하구에서 내륙으로 들어가는 10리 구간에 기암괴석의 절벽, 맑은 계곡 등 주위의 경치가 일품이다. 『경성읍지』 어랑편에 기록된 팔경은 천첩석벽千疊石壁, 벽소추연碧沼秋蓮, 백산하설白山夏雪, 강릉석람江陵夕嵐, 어랑야화漁梁夜火, 담저유어潭底遊魚, 사상면구沙上眠鷗, 십리장천十里長川이다. 창렬사비彰烈祠碑는 무계리에 있는 비석이다.

7
『시경』「소아小雅」'학명鶴鳴'.

8
『시경』「정풍鄭風」'여왈계명
女曰雞鳴'.

9
승보시陞補試의 개방 뒤에
성균관의 대사성이 제생
을 불러서 잔치를 베풀던
일.

명천에는 칠보산, 개심사,
쌍계사, 송덕사, 장동사 등
명승고적이 많다.

3月 12日

명천에서
백일장을 설치하다

　밤에 비가 조금 내렸다. 명천과 길주 두 고을의 백일장을 처음에는 모레 길주에서 한데 모아 설치하려 했다. 그러나 순행하는 길이 서로 중복되어서 오늘로 당겨 이 고을에 옮겨서 개설한 것이다. 시제는 "학이 깊은 언덕에서 울어도 소리가 하늘에 들린다"[7]였고 부제는 "여자가 닭이 운다 말하네"[8]였다. 시로는 김상률金尙律 등 20명을 뽑았고 부로는 박만원朴萬源 등 20명을 뽑았다. 호중呼中[9]을 열어 종이·붓·먹을 상으로 주고 끝마쳤다. 이 고을 수령이 순찰사의 순행을 맞기 위하여 성진으로 행차를 떠났다.

3月 13日

악천후라 칠보산행을
중단하다

일찍 일어나 장차 칠보산七寶山으로 가려고 할 때 비
와 눈이 섞여 내리고 구름과 안개가 사방에 끼었는데
산속은 당연히 더 심할 것이다. 절벽과 낭떠러지를 가
마로 30~40리나 다니게 되니 결코 빗속에 다닐 수 있
는 일이 아니었다. 그러므로 부득이하게 또 유숙하였
으니 명산을 한번 유람하는 것에도 귀신의 장난魔障[10]
이 있단 말인가? 주인 없는 빈 관사에서 하루 종일 정
신없이 잤으니 무료함이 이보다 더 심할 수 없었다.

3月 14日

길주에
다다르다

가랑비가 그치지 않으므로 빗속에 길을 떠났다. 고
참古站에서 점심을 먹고, 신시에 길주에 도착해서 향
사당鄕射堂[11]에 들어가 머물렀으니, 순사가 먼저 아헌
으로 들어가 있었기 때문이다. 들어가 순상을 배알

10
마희魔戱라고도 한다. 귀
신의 장난이라는 뜻으로,
일의 진행에 나타나는 뜻
밖의 방해나 훼살을 이
른다.

11
향당의 나이 많은 어른들
이 모여서 향중의 여러 일
을 의논하거나 향사鄕射
(향원들이 편을 갈라 활쏘기
재주를 겨루는 의식)·독법
讀法(향민을 모아놓고 법령
을 읽어 알리는 의식)을 하
며 향안鄕案을 보관하고
삼향임三鄕任(좌수·좌별
감·우별감)이 상시 근무하
던 청사였다.

七寶山

自明川府縁山脊東南行五十里有門
巖自巖東望大山接天圍續四回中有
石山色如丹霞群峯挺拔奇秀千態萬
狀無所不有其最奇者有寺巖門巖府
巖千佛峯萬寺像臺等名或如禽
獸之飛走或若人物之雜沓雖雲氣之
散聚屢霜之變幻殆不足以喻其奇也
自門巖行十里有金藏寺自寺又行二
十里有開心寺寺後有臺坐此則可以
領略一山之商目自寺稍東有望海臺
自臺踰石峯有金剛窟自窟行十里有
兜率庵庵在寺巖之下地勢最高純俗
傳古有七山並峙故山名七寶而中古
以後六山沉海今此存者只其一山云
今山之最高處蚌螺之甲錯東積成
堆以此觀之此山之亦曾沉海可知也
未知何年六山後出於陸而海水又窒
此山之上歟山之可異者又有蘿富蒲
山皆無種而生居僧以此爲粮云

「칠보산」, 『함흥내외십경도』, 51.7×34.0cm, 51.7×34.0cm, 18세기, 국립중앙박물관.

하고, 마침내 저녁부터 밤이 깊도록 담소를 나누다가 끝마쳤다. 이날에 75리를 다녔다.

3月 15日

감기를 앓아
유숙하다

망궐례를 행하였다. 순상이 명천을 향하여 출발했고, 나는 마침 추위 때문에 감기를 앓게 되어 끝내 또 유숙하였다.

3月 16日

물고기 잡는 것을
구경하다

길을 출발하였다. 비로소 내가 길주의 선비 임종칠林宗七[12]의 행실과 경학經學에 대해 들었으므로 여러 차례 내 생각을 알려 만나보기를 청하였으나, 끝내 와서 만나지는 않았다. 가다가 백탑白塔을 지났는데 그 집까지 거리가 멀진 않았으나, 갈 길이 바빠 들어가보지는 못하고 길가 옆 작은 집에서 맞이하였다. 산과 들판의 청아한 모습을 한번 보자 도가 있는 선비가 있

12
1781~1859. 함경도 성리학의 대미를 장식한 인물로 알려져 있다. 이원배李元培, 현익수玄翼洙 등과 함께 '북관사현北關四賢'으로 불린다. 이를 기념하는 책자 『북관사현행적北關四賢行蹟』이 출간되기도 했다. 문집으로 『둔오집屯塢集』이 있다.

으리라는 사실을 알 수 있었다. 임명에서 점심을 먹고
는 여기에 와서 처음으로 봄갈이가 바야흐로 펼쳐져
있고 일찍 심은 밭에서는 보리싹이 더러 돋았으며 양
지쪽을 향한 산에서는 꽃망울이 터지려는 것을 볼 수
있었다. 저녁에 임명에 도착했는데, 시간이 신시가 되
지 않았다. 곧바로 큰 배를 모이게 하여 주진장主鎭將
과 함께 바다로 들어가 날 전복과 문어 등 물고기를
잡는 것을 보고, 저물녘에 돌아와 진아鎭衙에서 유숙
하였다. 이날에는 90리를 다녔다.

3月 17日
진흙길에
고생하다

마천령을 넘으니 얼음과 눈이 막 녹아서 진흙탕 길
이 매우 고통스러웠다. 마곡역에서 점심을 먹고 저녁
에 단천읍에서 잤다. 이 고을의 수령인 이용석李用錫이
나와서 만나보았으며, 밤중에는 관아 뒤편에 있는 표
연정飄然亭에 앉아서 달구경을 하였다. 이날에는 110리
를 다녔다.

3月 18日

홍군을
남겨두다

회령에 있을 때 고을 수령이 자기 휘하에 사람이 없다는 이유를 들어 홍군洪君을 머물러두기를 청하기에 허락하였다. 그래서 홍군이 나를 전송하기 위해 여기 도착하자 남겨두었다. 여덟 달 동안이나 고생을 함께 하던 터에 올 때는 함께 왔다가 돌아갈 때는 함께 못 돌아가게 되니 마음이 서글퍼졌다. 영리 이하 순영의 아전들이 모두 하직하고 돌아갔다. 길을 떠나서 곡구 역에서 점심을 먹었는데, 고을의 아전이 학사대의 돌에 새겨진 제명題名을 베껴서 올렸으나 갈 길이 바빠 학사대를 가서 볼 수는 없었다. 북송정을 들렀다가 이원현에서 잤으니 이 고을의 수령 김지후金祉厚가 나와서 만나보았다. 이날에는 80리를 다녔다.

3月 19日

북청으로
들어가다

길을 떠나 남송정과 시중대를 거쳐서 거산역에서

점심을 먹었다. 저녁에 큰 고개를 넘어 북청으로 들어 갔는데, 고을 수령인 한긍유韓兢裕가 나와서 만나보았 다. 날이 저물지 않아 곧바로 동문 밖으로 나가서 우 물물을 보았는데 물맛이 나라 안에서 으뜸이라 하였 다. 큰 사발로 세 번을 가득 채워서 마셨어도 뱃속에 탈이 없으니 체한 것을 내려가게 하는 효험이 있는 듯 했다. 홍원 수령이 미리 와서 서로 만나보았으며 밤에 는 연무당鍊武堂에서 잤다. 곧 이석구李石求가 병사였을 때에 중건한 것인데 아름답고 널찍한 것이 온성의 진 변루에 버금갈 만하였다. 이날에는 100리를 다녔다.

3月 20日

홍원현에 들어가다

길을 떠나 쌍포령雙浦嶺을 넘어 평포역平浦驛에서 점 심을 먹었다. 방호정方壺亭을 거쳐서 저녁에 홍원현에 들어가자 이 고을의 수령이 따라와서 서로 만나보았 다. 이날에는 95리를 다녔다.

3月 21日

함흥부에
도착하다

길을 떠나 함원관咸原館에서 잠시 쉬었다가 함관령咸
關嶺을 넘었다. 덕산역에서 점심을 먹고 저물녘에 함흥
부에 말을 달려 들어가니 중군中軍이 나와 만났으며,
이 고을의 수령은 다리의 병 때문에 와서 볼 수 없었
다. 은산에 사는 의원 김경성金景成이 병영 안에 머물
고 있었으므로 나와서 서로 만나보았다. 이날에는 95리
를 다녔다.

3月 22日

삼백육십칠 세 먹은
노인을 만나다

고을 수령을 찾아가 만나고 나서 운전사雲田社[13] 본
궁本宮으로 갔다. 고을에서의 거리가 15리 지점이었으
니, 곧 태조가 잠저 때 살던 옛터였는데, 상왕으로 계
실 때에도 일찍이 머물렀던 곳이다. 네 임금[14]과 태조
의 위판位板을 봉안하고 춘하추동 계절마다 제사를
지내며, 내수사內需司의 별차別差[15]가 지키고 있었다. 전

13
함흥부 남쪽 15리에 있는
데 태조가 왕위를 물려준
뒤 오랫동안 살았던 집이
다. 이곳은 태조 이성계의
조상들이 살던 집터이기
도 하다. 1392년에 중수
하여 본궁이라 칭하였다.

14
이성계의 4대조를 아울러
이르는 말. 곧 고조인 목조,
증조 익조, 조 도조度祖,
부 환조桓祖를 일컫는다.

15
본궁에서의 제사와 관련
한 실무를 비롯해 건물 경
비와 보수 따위의 관리를
맡기고자 파견했던 임시
관원으로, 양궁속良宮屬
과 함께 어물 따위를 진상
하는 일도 담당했던 것으
로 보인다.

「함흥부」,
규장각한국학연구원.

殿 안에는 태조가 옛날에 쓰던 삿갓과 삿갓을 장식하
는 새깃, 활과 화살, 활집과 화살통 등이 있었으며, 뜰
에는 예전에 손수 심은 다섯 그루의 소나무가 있었는
데 세 그루는 흔적을 찾을 수 없었고, 두 그루는 몇 년
전부터 잎이 나지 않아 마른 줄기만 서 있었다. 돌아
와서 지락정至樂亭에 올랐으니 정자는 성안 한가운데
에 있었다. 마을과 산수와 성곽과 교외의 들판이 한
번 눈을 들면 다 보이니, 연광정練光亭과 이름을 나란
히 할 만하였다. 그러나 긴 다리가 시야에 들어오지
않는 것이 유감스러웠다. 순상의 맏아들 김상사金上舍
가 나와서 만나자, 술과 안주를 잘 차려 대접해주려
고 기다렸다. 대개 순상이 먼저 우리를 위해 서신으로
알렸던 것이다. 다섯 번 음식을 올렸는데 진수성찬이
었고, 노잣돈도 두둑히 주었다. 저녁에 여관으로 정한
곳에 돌아와서 나이가 삼백 살인 김우종金虞宗이란 노
인을 불러 보았다. 김우종은 글자를 몰랐고 정신도 온
전치 못해 그해가 몇 년인지도 상세히 알지 못하였다.
그리하여 스스로 "올해가 367세가 된다"고 말하였다.
본래 제주 사람이었는데, 타향을 떠돌다가 이곳에 도
착해 이미 200여 년이 흘렀다. 어느 해엔가 경기도에
서 병란을 만나 칼날에 찔려서 쌓인 시체 더미에 엎드
려 넘어져 있다가 13일이 지난 뒤에야 비로소 깨어났

知樂亭

府治之山曰盤龍因采城其家高頂
有九天閣北山後自城頂西迤而臨江
有樂民樓東迤而成谷有文廟其中岡
蜿蜒而下為觀察使正衙後數十舉
武平阜寬敞可坐千人而正當城之中
央城雉三百十七環眼中余於癸
世夏攝亭於茲地落成之日試登而觀
焉背後蒼翠玲瓏黯點滴於簾箔之間而
前有七寶亭獨立荷沼若舉案而來獻
東南西三面大野無畔其圓知鏡其平
如掌而城川江湖連川左右抱邵交流
而入海之扨絕義諸寶有龍飛鳳
舞之勢而慶興數　本官薔匕皆入
瞻望擊毬亭標緻雲逸正作前對都
連浦白沙知水而宣德道灸諸山參差
於雲海之外鯨波令谷興天相接而三
島及兄弟岩離立若旦近而一城之內
靡不坐此而領略寺平則可以縱目而
怡情有事則可以た顧而號召無遠出
登陵之勞有嘗通絃論之樂雖謂之衆
美成其亦可夾

다고 하였으니, 혹시 병자호란이었던 것인가. 어떤 사
람은 말하기를 "이괄의 난이 평정된 뒤 진하陳賀할 때
의 표전문에 나왔는데 그때의 나이가 이미 백 살에
가까웠다"고 하나, 진실인지의 여부는 알 수 없다. 그
러나 대저 함흥의 200년 전 군안軍案 안에는 모두 김
우종이라는 이름이 있고, 함흥 사람의 집에서 품팔이
한 지 이미 7세世가 지났다고 하니 그가 삼백 살이라
이르는 데에는 의심할 바가 없다. 그런데 함흥 사람들
은 모두 아마 수삼십 년 전부터 스스로 367세라고 일
컬었다고 하니 그의 똑똑치 못한 것을 알 만하다. 그
사람을 살펴보건대 두 눈동자가 번쩍번쩍하여 새벽
별과 같아서 가는 털을 볼 만하였다. 머리털이 부드러

16
고대 전설적인 신선. 진秦
나라 사람으로 당시에 천
세공千歲公이라 불렸다.
『사기史記』 「봉선서封禪書」
에 보인다.

17
두보杜甫의 「제장씨은거
題張氏隱居」 시에 "탐하지
않으니 밤엔 금은의 기를
알아보고, 해치지 않으니
아침엔 미록의 노닒을 본
다不貪夜識金銀氣 遠害朝
看麋鹿遊" 한 데서 온 말
이다. 『두소릉시집杜少陵
詩集 卷1』

18
임금·왕세자·왕비·왕세
자빈의 옷.

워서 어린애의 모습과 같았고, 민첩하고 사나운 주먹
은 철퇴와 같았다. 몸집이 작은 것이 열 살 남짓 먹은
아이와 같았지만 걸음걸이가 나는 듯했으며 밥을 먹
으면 두 그릇을 다 비웠으니, 지상의 신선이라 이를 만
했다. 그러나 다만 전에 있던 일을 기억하지 못해 장
수한 즐거움이 없었으니 애석하였다. 만약에 이름을
기억하고 지난 일을 이야기할 수 있다면 안기생安期生[16]
이나 적송자赤松子라는 신선을 부러워할 것이 있겠는
가. 세상에는 참된 신선이 없는데 이제 내가 눈으로
보았으니 진실로 또한 기이하다. 옛말에 이르기를 "욕
심내지 않으니 밤엔 금은의 기氣를 알아보네"[17]라고
했으니, 이 사람도 미혹되고 어리석어 아는 것이 없는
까닭으로 하늘이 그에게 나이를 빌려준 것인지는 알
수 없다. 이날에는 30리를 다녔다.

3月 23日

본궁에 보관된 옷을 보여주다

김상사와 중군이 술과 안주를 가지고 낙민루에 나
와 전송해주었다. 새벽에 출발하여 정평定平에서 점심
을 먹었다. 조금 뒤 이 고을의 수령이 본궁의 의대衣襨[18]

를 가지고 와서 잠시 본 뒤 밤에 초원관草原館에서 잤다. 고산 찰방 정필한鄭弼漢이 나와서 만나보았다. 이날에는 85리를 다녔다.

3月 24日

억울한 옥사를 해결해준
여인을 만나다

영흥부에 말을 달려 들어갔다. 용흥강의 긴 다리는 만세교에 버금갔다. 이 고을 수령인 원영린元永獜이 나와서 만나보았다. 쌍락정雙樂亭에 함께 올라서 술을 마시면서 담소를 나누었다. 올 때 서백수와 함께 유람했던 즐거움을 회상하였는데, 갑자기 이미 아득한 옛날 일이 되었으니, 스스로 덧없는 세상의 감회를 금할 수 없었다. 옛날 내가 평안도 암행어사로 나갔을 때 은산에 살던 장씨 여자의 억울한 옥사가 있어 20년간을 갇혀 있었으므로滯囚[19] 별단으로 참작하여 처리해주기를 요청하자, 조정의 회계回啓[20]가 이른 것을 보게 되었다. 그 뒤 내가 또 은산의 수령이 되어서 여러 차례 감영에 보고하여 마침내 죄를 조사하게 함으로써 이 고을에 이배移配하기에 이르렀다. 그 여인이 이제 비로소 내가 온다는 말을 듣고 초원草原까지 나와서 맞이

[19]
체수는 죄를 범한 사람을 판결하지 않고 오래도록 옥에 가두는 것. 또는 그 죄수를 말한다.

[20]
임금의 물음에 대하여 신하들이 대답함.

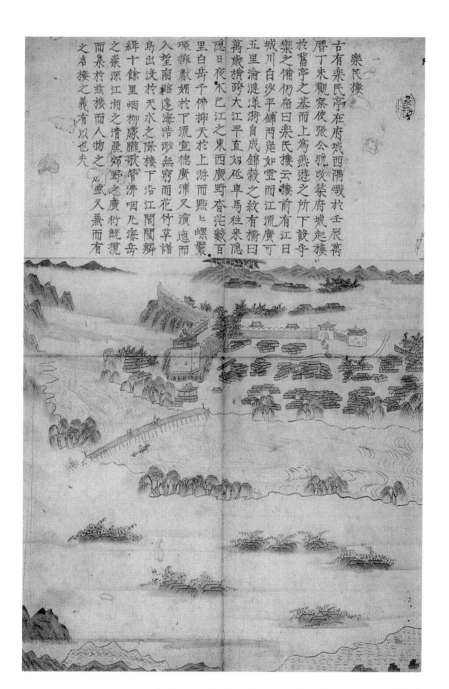

樂民樓

古有樂民亭在府城西隅燬於壬辰萬
曆丁未觀察使張公晬改築府城起樓
於舊亭之基而上爲燕遊之所下設寺
樂之備仍宿曰樂民樓云樓前有江曰
城川白沙平鋪西益如雪而江流廣可
五里渝澶漾瀠自成錦縠之紋有橋曰
萬歲橫跨大江平直砥砆車馬往來隱
隱日夜不已江之東西廣町杳泛數百
里白岳千佛抻天於上游而瞰日螺鬟
環擁獻類於下流宣德廣浦又演迤而
入望南稻逵海浩瀰而花竹草諸
島出汶於天水之際樓下治江閭閻駢
絳十餘里烟柳朦朧歌管沸咽尻海岳
之崇深江湖之清麗如野之廣衍池撹
而象於玆樓而人物之凡盛又兼而有
之名樓之義有以也夫

「낙민루」, 『함흥내외십경도』, 51.7×34.0cm, 51.7×34.0cm, 18세기, 국립중앙박물관.

「영흥본궁」,
『북도각릉전도형』, 종이에 색,
56.5×32.5cm, 조선 후기,
국립문화재연구소.

하여 울음을 터뜨리면서 은혜를 칭송하고, 이어서 말
하였다.

"유배지에 도착한 날로부터 손수 명주실을 짜서, 짬
짬이 시간을 내 3년 만에야 두 필의 비단을 완성했습
니다. 장차 이 비단을 가지고 서울로 올라가서 은혜를
갚으려 했으니, 이제 이것을 바칩니다."

꾸짖고서 물리치니 울면서 죽고 싶어했다. 한편으
로는 불쌍하기도 했고 한편으로는 우스꽝스럽기도

했다. 이날에는 45리를 다녔다.

3月 25日

고원군에
도착하다

아침에 일어나 출발하려고 할 때 빗줄기가 크게 쏟아져서 오후에야 출발했다. 처음에는 본궁과 선원전璿源殿을 두루 살피려고 했는데, 또한 돌아서 들어갈 수가 없었다. 어렵사리 고원군에 도착해서 머물러 잤으니 빈 관사였다. 이날에는 40리를 다녔다.

3月 26日

덕원군에
도착하다

문천군에서 점심을 먹으니 이 고을 수령인 윤사은尹師殷이 나와 보았다. 저녁에는 큰 바람이 불어 어렵사리 덕원군에 도착해서 멈추어 잤다. 이날에는 85리를 다녔다.

3月 27日

석왕사를
구경하다

이 고을 수령의 좌거를 또 빌리면서 "서울에 돌아간
뒤에 도로 전해주겠다"고 약속했다. 해질 무렵에 출발
해서 원산포를 지나서는 남산역에서 잠시 쉬고, 석왕
사에 말을 달려 들어갔다. 동네 어귀에 이르자 절의 중
이 견여를 가지고 와서 맞이하였다. 단속문斷俗門과 등
안각登岸閣과 불이문不二門과 조계문曹溪門과 설성雪城의
동문으로 들어가서 영빈관에 들어가 거처하였다.

절은 곧 태조대왕이 야인이었을 때 만든 것이었다.
태조가 야인이었을 때 이상한 꿈을 꾸고서 석굴 안의
신승神僧인 무학無學을 방문하자, 왕국을 일으킬 징조
라고 고하니, 드디어 그 땅에 나아가서 사찰을 건축했
다. 여러 성조聖朝에서 모두 보수를 하여 지금까지 이
르고 있다. 영월루映月樓, 인지료仁智寮, 흥복루興福樓, 의
중루義重樓, 어제비각과 어필비각 및 지공指空, 나옹懶翁,
무학의 영당을 두루 구경하였다. 또 견여를 타고 3리
쯤 가서 내원암內院菴을 찾았으니 내원암은 가장 깊은
곳에 있어 그윽하고 조용함이 사랑스러웠다. 암자에
는 서산대사와 사명대사의 영당이 있었고, 또 원통암

釋王寺
寺在安邊府西四十里雪峯山下我
太祖潛龍時夢入破屋中負三椽而出
往問於山下土窟中僧僧賀曰身負三
椽乃王字也太祖感此建寺于土窟
之基號曰釋王其僧卽無學云自南山
驛尋寺洞口入紅箭門初渡水閣日斷
俗門乒渡日登屝閣三渡日不二門三
閣之間幾十里兩岸奇巖峭壁楓葉
松林到寺則佛殿之宏麗寮舍之繁縟
甲柝一道遠宇回廊迷不知所之寺之
西邊有一閣置木像八百羅漢乃太
祖以元帥北征時使卽將金南連往吉
州廣淸寺舩載以來刻校以記其事列
書僚屬鄭夢周等姓名枚藏在寺尚宛
然前臨溪上有菴飛興慶二樓甚軒敞

「석왕사」, 「함흥내외십경도」, 51.7×34.0cm, 51.7×34.0cm, 18세기, 국립중앙박물관.

석왕사 전경.

21

요일은 보통 요임금의 해,
곧 요임금 때와 같은 시대
라는 뜻으로 찬양하는 말
로 쓰인다. 여기서는 요임
금 때 동시에 열 개의 태
양이 떠올라 혹독한 가뭄
이 든 사실을 말한다.

22

너무 가물어서 연못물이
말라 계수나무를 심는다
는 말이다.

23

『주역』에서 현룡現龍은 재
전在田인데 그 현룡의 몸
이 커서 전의 좌우를 없애
야 된다고 했으니 여기서
는 왕을 가리킨다.

24

전설에 나오는 날마다 해
가 떨어진다는 곳.

25

곤鯀 안에 있는 목木을 태
우고 혹或이 그 안에 들어
있다 했으니 국國을 가리
킨다.

26

서까래 셋에 기둥이 넷인
데 뜨거운 불이 타오르고
있다 했으니 무無를 가리
킨다.

圓通菴과 향적암香積菴, 보문암普門菴이 있다고 하는데 날
이 저물고 길이 험해 가서 볼 수는 없었다. 원통암에
는 시승詩僧인 호號 덕암德菴이 있다는 말을 듣고 맞이
해와서 서로 만나보았다. 밤에는 앉아서 각자 율시 한
편씩 짓고 잤다. 이날에는 70리를 다녔다.

3月 28日

수수께끼 같은
한시

어제 내원암에 들어가자 이때 절의 중이 벽 위에 쓰
여 있는 시를 가리켜 보이면서 말하였다.

"이른 봄에 어떤 과객이 쓴 것입니다."

시에서 "요임금 때 열 개 태양堯日[21]과 탕 임금 때 7년
가뭄에 못에 계수나무 심었고,[22] 나타난 용이 몸이 커
서 좌우를 물리쳤네.[23] 고조의 형제 오세손이 해가 엄
자崦嵫산[24]으로 들어가니 마시는 곳이네. 천지의 신
곡에 물왕物王을 얻었고, 곤궁함이 이르자 나무를 불
사르고 간혹 안에 거처했네.[25] 세 개의 들보와 네 개
의 기둥에 맹렬한 불이 타서,[26] 두 개의 갈고리 제거하
고 나니 두 해가 온전하네.[27] 동합에서 함께 일一과 구口
를 빼서[28] 언덕阝 오른쪽에 진중히 벽辟을 온전히 가지

고 돌아왔네. 두 다리에 비와 번개 치지 않아서,[29] 부상의 태양이 서울 북쪽에 이르렀네. 고을은 모든 읍이 채찍질한 뒤에 일어난 것이 아니었는데, 산 밑에서 서로 만나 급히 오는 것을 잊었네. 동북쪽에 있는 산머리 위에 기러기 떨어지고, 우리 집은 아들이 없는데 사위가 아들을 낳네"라고 하였으니 모두 16구였다.

내가 밤새도록 해석해아 처음에는 대략 깨달아졌으니, 16자를 파자한 것인데 석왕사의 이름은 온 나라에서 비교할 수 없으며 내원암과 경군봉景睪峯은 진실로 좋았다는 16자다. 제4구, 제5구는 마침내 해득할 수 없었으니, 그 양수楊修에는 아주 못 미쳤다. 우선 여기에 써서 뒤에 깨닫는 자를 기다린다. 고산역에서 점심을 먹었다. 빗속에 철령을 넘었는데, 산의 꽃들이 활짝 피어서 시내를 환하게 비추고 있으니 경치가 매우 아름다웠다. 저녁에 회양부에서 잤으니, 이 고을의 수령인 조충식趙忠植[30]이 나와서 만나보고 부드럽게 이야기를 하였다. 스스로 말하기를 "내일 아침이면 장차 금강산으로 출발하려고 하는데" 나를 잡으면서 "같이 가자"고 한다. 나는 돌아갈 마음이 화살과 같아 사양했지만, 서글픈 생각이 없지는 않았다. 이날에는 100리를 디뎠다. 시울로 들어온 뒤에 신석우申錫愚[31]가 제4구를 해석하였고 이민수李敏修가 제5구를 해석하였다.

27
두 해田에서 갈고리를 제거한다고 했으니 비比를 가리킨다.

28
동同과 합습에서 일과 구를 함께 제거했으니 내內를 가리킨다.

29
망莽은 망莽으로 써야 할 것 같다. 망莽의 아래 다리 부분을 다 쳐내고, 그다음 불우전不雨電은 전電에서 우雨를 삭제하는 것이니 전电만 남는다. 이 두 글자를 합치면 암菴이 된다.

30
1784~?. 본관은 함안咸安, 자는 사성士誠이다.

31
1805~1865. 본관은 평산平山, 자는 성여聖如, 호는 해장海藏이다. 1855년 경상도 관찰사를 지냈다. 1857년 대사헌이 되고 이듬해 한성부 판윤을 거쳐 1859년 형조 판서에 이어 예조 판서가 되었다. 1860년 동지정사로 청나라를 다녀왔다. 이때 청나라에서는 영국·프랑스 연합군에게 광동을 점령당하고 북경이 함락당한 때였으므로 귀국하여 이러한 사

3月 29日

조카를
만나다

신안역新安驛에서 점심을 먹었다. 맥판을 지나 창도역에서 말에게 먹이를 주었다. 저녁에 금성현에서 잤는데 빈 관사였다. 구龜라는 조카와 갑자기 만났으니, 한편으로는 놀랍고 다른 한편으로는 위로가 됨을 말로 표현할 수 없었다. 대개 내가 금강산으로 들어갈 것이라 생각해서 미리 와서 맞이하였다. 함께 가려고 했다는데 내가 이미 들어가지 않게 되었으니 인마와 노자盤纏[32]를 객지에서는 장만할 도리가 없어서였다. 어쩔 수 없이 거느리고 돌아와 다시 거행할 계책을 삼았다. 이날에는 100리를 다녔다.

3月 30日

풍전역에서
유숙하다

김화현에서 점심을 먹었는데 또한 빈 관사였다. 저녁에 풍전역에서 유숙하였다. 이날에는 100리를 다녔다.

四月

4月 1日

양문역에서
유숙하다

　양문역梁文驛에서 점심을 먹고 저녁에 송우점松隅店
에서 유숙하였다. 이날에는 90리를 다녔다.

4月 2日

일정을
마무리 짓다

　누원점에서 점심을 먹었는데, 비가 내렸다. 저녁이
되어서야 빗속에 성으로 들어왔다. 이날에는 80리를 다
녔다. 모두 열 달인데 날짜로는 243일이었고 두루 다
닌 것이 200리였다.

박래겸의
공무
여행 루트

	이동 장소	유숙한 곳	이동 거리	접촉 인사	주요 행적
7월 26일	도봉서원, 소광정	누원	30리		첫 출발
7월 27일	포천의 송우점	영평의 양문점	100리	이능수	금곡의 이과산 어른을 찾아가다
7월 28일	화적연, 풍전역	김화현	90리		
7월 29일	충렬사, 피금정, 금성현	창도역	80리		
7월 30일	맥판, 신안역	회양부	70리		
8월 1일	읍한정, 철령, 고산역	남산역	110리		
8월 2일	원산, 덕원부	문천읍	90리	오치경(덕원부 수령), 황회영(숙릉의 능참봉)	
8월 3일	고원군	영흥부	100리	유상진(고원군 수령), 서상록(영흥부 수령)	
8월 4일					우천으로 머무르다
8월 5일	용흥강, 용강사, 금파원, 초원역	정평부	80리	정내승(옛 북곤)	
8월 6일	만세교, 낙민루		50리	이현시(판관), 유창근(중군), 김계하(순상)	
8월 7일	덕산역, 함관령, 함원관	홍원현	90리	최한익(홍원현 수령), 이달희(점쟁이)	
8월 8일	방호정, 절부암, 평포, 쌍포	북청부	90리	이예연(북청부 수령), 이용석(단천 수령), 김지호(이원 수령), 오휘량(거산의 역승)	
8월 9일	거산역, 시중대, 남송정	이원읍	100리		
8월 10일	북송정, 일송정, 곡구역, 월파헌, 학사대, 마운령	단천부	80리		
8월 11일	마곡역, 마천령, 교구정	성진성의 결승헌	100리	이길구(첨사)	

날짜					
8월 12일	망양정, 관어정, 세검정, 조일헌, 임명역, 명천서원	길주목	90리	이형권(길주 수령)	
8월 13일	고참	명천부	75리	오치풍(명천 수령), 주남익(전 중군), 정해운(전 첨사僉使)	
8월 14일	경성鏡城, 천주봉, 귀문관, 주촌	영강의 역관	105리	윤희풍(전 부령 수령)	
8월 15일	경성 재필당	경성	45리	이봉순(경성 수령)	병상에 예를 올리다
8월 16일	원수대			조생	
8월 17일	수성역, 형제암	부령부	100리	이희교(찰방), 권성언(부령 수령), 신광석(온성 수령), 이름을 알 수 없는 경성 판관	
8월 18일	무산진, 차유령	마전역	90리	이름을 알 수 없는 무산 수령	
8월 19일	무산부		50리	이제완(무산 수령), 신의학(종성 부사), 이름을 알 수 없는 경성 판관	
8월 20일					백일장
8월 21일					백일장
8월 22일					백일장
8월 23일	삭역루			무산 수령 종성 수령	합격자 발표
8월 24일	망미루, 두만강, 산양암, 산양령	남촌	25리	무산 수령 종성 수령, 김종목	백두산으로 출발함
8월 25일	갑령, 박하천, 임강대, 강구촌, 강구령, 삼산평	소홍단	80리		
8월 26일	장파, 대홍단, 불곡, 대유곡, 소유곡, 천평	사타봉	90리		
8월 27일	보다산, 삼지연, 건천	가찰봉	85리		

8월 28일	분수령, 연지봉	천수	90리		백두산정계비를 보다
8월 29일	사타봉	대홍단	95리		
9월 1일	노은산, 장파, 소홍단	강구촌	95리		
9월 2일	고창평	무산의 관아	70리		
9월 3일	마전역, 폐무산	부령의 객관	145리		
9월 4일					백일장
9월 5일					백일장
9월 6일					백일장
9월 7일		동헌			합격자 발표
9월 8일	괘검정			경원 수령, 온성 수령, 훈융 첨사	
9월 9일				정방채(북우후), 이름을 알 수 없는 무산 수령	잔치를 열다
9월 10일					
9월 11일	수성	경성 재필당	100리		
9월 12일					백일장
9월 15일					망궐례를 행하다
9월 16일	망해정				
9월 17일					국세필의 집을 구경하다
9월 18일				이정회(고령 첨사)	
9월 20일				성진 첨사	
9월 23일					백일장

날짜				
9월 24일				이의근(옛 고령 첨사)
9월 25일				
9월 26일				병상이 베푼 잔치에 참석하다
9월 27일				
9월 28일				
9월 29일				시험지 채점
9월 30일				병상을 찾아뵙다
10월 1일				시험지 채점
10월 2일				치죄를 행하다
10월 3일	수성	부령	100리	강상국
10월 4일				시험지 채점
10월 5일	무산령	고풍산진	60리	어치명, 진장鎭將 강한준	당숙과 옛날에 인연을 맺었던 기녀 해옥을 만나다
10월 6일	회령부	척수헌	60리	
10월 7일				백일장
10월 8일				백일장
10월 9일	고령진, 황제총	종성 재필당	60리	이정회(첨사)
10월 10일				정방채(북우후)
10월 11일	박달재, 방원진	종성부 연빈관	70리	빙원진 수령
10월 12일				백일장

날짜		장소	거리	인물	비고
10월 13일	동관진, 온성부, 영달진, 충곡서원, 진변루	동헌	70리	신광석(온성 수령)	
10월 14일				유순柳絢 (유배객)	백일장
10월 15일				김명린(유원 첨사), 전종원(황척파의 권관), 임종훈(미전 첨사), 송익수(영달만호)	
10월 16일	황척파, 입암	훈융진 (경원 소재)	60리	이행근(진장鎭將), 김사운(경원 수령)	
10월 17일	고이도	경원부	30리		고이도에서 사냥하다
10월 18일					백일장, 둘째 누님의 부고를 듣다
10월 19일				황파 수령, 안원 수령	
10월 21일	두만강 신사, 건원	아산진	80리		
10월 22일		무이진	55리	이인회(경흥 수령)	
10월 23일	목조의 덕릉과 효비의 안릉의 옛 터, 망덕봉, 도조의 옛 터, 삼현사	경흥부	35리		호환虎患 언급
10월 24일	번포, 조산보, 해망대	서수라	60리		이충무공의 승전비를 보다
10월 25일	노구창, 덕릉의 옛 비각, 안릉의 옛 비각, 적지비각	경흥부	70리		
10월 26일	아오지진	덕명관	80리	미전 첨사	
10월 27일	만파령, 부계, 종산서원	행영	60리		
12월 20일	회령부	척수헌	50리		장인의 상사 소식을 듣다
1월 10일		행영	50리		
1월 16일	부계涪溪의 가절당	고건원	65리		

1월 17일	안원진	경원부	50리	차사원 및 경흥부 수령	
1월 27일		고건원	50리		
1월 28일	부계의 창사	행영	60리		
2월 17일	방원	종성부	70리	종성부 수령, 경성 판관, 고령 첨사	
2월 22일	곡천사				
2월 26일	영달, 남문루	온성의 아헌	70리	온성 수령, 경성 판관	선조의 비각을 보다
3월 3일	영달	종성	70리		
3월 4일	방원	회령부	90리		
3월 6일	고풍산, 무산령	부령	120리		기녀와 헤어지다
3월 7일	수성역	경성	100리	찰방, 황회영	
3월 10일	영강, 장연호	주촌의 판사	110리		
3월 11일	귀문관	명천부	60리	오현문(명천부 수령)	
3월 14일	고참	길주의 향사당	75리	길주 순사	
3월 16일	백탑, 임명	진아	90리	주진장	
3월 17일	마천령, 마곡역, 표연정	단천읍	110리	이용석(단천읍 수령)	
3월 18일	곡구역, 북송정	이원현	80리	김지후(이원현 수령)	
3월 19일	남송정, 시중대, 거산역	북청의 연무당	100리	한긍유(북청 수령), 홍원 수령	
3월 20일	쌍포령, 평포역, 방호정	홍원현	95리	홍원현 수령	
3월 21일	함원관, 함관령, 덕산역	함흥부	95리	중군, 김경성 (은산 의원)	
3월 22일	운전사 본궁, 지락정		30리	순상의 맏아들 김상사, 김우종	

3월 23일	낙민루, 정평	초원관	85리	정평 수령, 정필한(고산 찰방)	
3월 24일	쌍락정	영흥부	45리	원영린(영흥부 수령), 서상록	
3월 25일		고원군	40리		
3월 26일	문천군	덕원군	85리	윤사은(문천군 수령)	
3월 27일	원산포, 남산역	석왕사의 영빈관	70리	시승 덕암	
3월 28일	내원암, 고산역, 철령	회양부	100리	조충식(회양부 수령)	
3월 29일	신안역, 맥판, 창도역	금성현	100리	조카 구龜	
3월 30일	김화현	풍전역	100리		
4월 1일	양문역	송우점	90리		
4월 2일	누원점		80리		

원문

七月

丁亥, 七月十四日, 除北評事.

十八日, 謝恩.

二十五日, 下直.

二十六日, 發行. 從者, 軍官洪郎廳橋·崔郎廳台運·傔人李命昌·別陪白季喆·玉署吏洪敬顯也. 文川通引崔晋珏者, 洪聖善, 遞歸文邑時, 率來留置, 今方還送. 而要余率去, 故亦隨行. 到東門外, 謝送餞行諸人, 惟子侄三人, 隨後前進. 遂入道峯書院, 昔余少時讀書處. 而今始重來, 人民木石, 皆變舊形矣. 少憩昭曠亭, 一酌後下亭. 抵暮, 投宿樓院, 是日, 行三十里.

二十七日, 雨霏灑, 終日不止. 朝子侄辭歸, 經歲屢千里之別, 懷緒自不佳矣. 冒雨發行, 歷拜金谷李槐山丈. 中火抱川松隅店, 夕抵永平梁文店, 往哭李相公几筵. 故宅荒涼, 蓬蒿蕪沒, 淸儉之德, 盖可見矣. 主倅李能秀, 備送內饌而有故, 不得來見云. 是日, 行百里.

二十八日, 發行, 歷入禾積淵, 昔余少時一覽處. 而雨後水漲, 川聲益壯, 石色逾白, 甚壯觀也. 中火豐田驛, 夕抵金化縣, 止宿空官也. 是日, 行九十里.

二十九日, 徃拜忠烈祠. 卽洪忠烈命耇殉節地也, 在衙後. 發行, 暫憩披襟亭, 中火金城縣, 亦空官也. 昔年經過時, 登景陽樓, 長林大川, 近郊遠岫, 甚愜人意. 今來已爲墟矣, 興廢之速, 有如是耶. 夕抵宿昌道驛. 是日, 行八十里.

三十日, 發行. 自此以後, 卽余足跡初到處也. 行二十里, 山忽斷, 徑忽窮, 下臨無際. 肩輿緣崖而行, 屈曲盤紆, 良久至底. 有大川橫之, 舟渡越岸, 又肩輿而上, 鳥道極危險, 兩岸甚均適. 纔登嶺, 又卽平地也. 此地俗稱爲보리비탈. 蓋言其無心行到, 忽見絶崖也, 而訛傳爲보리비탈, 以文字飜譯稱麥坂. 又名稱爲迎送浦, 蓋以其金城淮陽交界處. 故迎送使星, 必於此地, 而訛傳爲蓮松浦. 二名之皆致訛傳, 可笑也. 中火新案驛, 夕抵宿淮陽府, 亦空官也. 峽裏官居, 頗似淸灑, 而閭里蕭條, 吏隸殘疲. 宜其爲汲長孺之所薄也. 是日, 行七十里. 因本倅家便, 付一天書.

八月

八月初一日, 行望闕禮, 發行. 行五里許, 有絶壁臨大川. 上有小亭, 扁以挹漢. 小憩舟渡, 行四十里許, 登鐵嶺. 嶺勢極高峻, 山路極危險. 緣溪攀崖, 喘息而上. 纔登嶺, 卽關東北交界處, 安邊初境也. 山川風氣, 似已逈殊. 始自永平穿峽, 行三百里, 始登此嶺. 而登嶺南望, 重巒疊嶂, 無處開眼. 試一北望, 大野前關, 羣山羅置, 便成別世界也. 下嶺, 替乘高山驛馬, 中火高山驛. 夜宿南山驛. 聞釋王寺近在十里地, 而薄暮不得歷翫. 是日, 行百十里.

初二日, 歷元山, 卽海邊大都會也. 闤闠之櫛比, 帆幋之簇立, 彷彿湖西之江鏡浦, 而殆過之. 中火德源府, 主倅吳致慶, 出見. 邑基明麗, 郊野廣闊, 又環以大海, 信是可居之地. 而但近因水灾年事未免大歉云. 自此, 借乘主倅坐車, 約以歸時還傳. 坦路快馬, 其疾如飛, 頗覺爽豁矣. 夕宿文川邑, 亦空官也. 殘邑無可觀, 數妓頗能歌, 賴以消夜. 昔余曾王考, 謫居此邑, 而已經八十年, 往事無可問耳. 淑陵黃參奉晦瑛, 來見. 是日, 行九十里.

初三日, 朝雨暮止. 早發, 崔晋珏落留. 冒雨, 入高原郡, 亦殘邑
無可觀. 主倅柳相晋, 出見. 晚後, 雨勢乍止, 故馳入永興府. 路
望淑陵, 始意歷入本宮濬源殿, 而雨且暮, 不得入. 永卽雄府而
入府時, 侵夜不得察形勝. 主倅徐令相祿伯綏, 出見歡接. 離家,
近一旬, 始逢知舊, 彼此欣喜, 不可言. 夜坐穩話, 雞鳴後, 就寢.
是日, 行百里.

初四日, 終日, 雨大注, 不得發行. 主人備酒饌, 設妓樂, 以慰客
懷. 衙後有小亭, 名雙樂. 地勢陡高, 大江環其後. 邑里羅其前,
平郊遠峀, 布列四面, 亦勝景而風甚, 不能久坐. 夜穩睡.

初五日, 因主倅家便, 付二天書. 雨勢乍止, 而無以久留, 冒雨發
行, 至龍興江邊, 水漲船疾, 艱渡兩岸. 朴忠愍淳龍江祠在路
左, 而雨不得歷謁. 泥濘沒膝, 十顚九仆. 僅到金波院中火. 雨
不止, 又冒雨發行. 舟渡草原驛, 前川亦險津也. 驛卽高山察訪
郵館也. 路逢舊北闡鄭來升, 立馬暫話, 馳入定平府. 山水明
麗, 邑基穩籍. 官府亦頗愜意, 而空官甚無聊矣. 留宿, 是日, 行
八十里.

初六日, 雨止發行. 抵萬歲橋, 方修葺, 不可行. 故舟渡登岸, 經
登樂民樓, 山川之明麗, 郊野之廣闊, 遠峀之羅列, 閭閻之撲地,
平林之環擁, 樓觀之宏敞, 城堞之峻屹, 與平壤相伯仲, 而互有
長短, 不可質定聲價矣. 橋長幾三里, 廣幾三間, 而不用土築,
純用橫木, 斫成之, 當爲東國之第一橋也. 近因霖雨, 川水方漲
廣, 不減漢江浿水, 而深不沒腹, 舟子挾舟而行, 若値亢旱, 則
當減太半, 是爲欠處矣. 入府少歇, 判官李玄始, 中軍柳昌根,
來見. 食後延命, 進謁巡相金啓河氏, 評事之巡營延命, 非古也.
先朝以巡使之兼兵馬節度使, 定爲上下官體統云. 仍回謝中軍
與判官, 日已夕, 不得遍觀諸勝. 夜判官與中軍, 各携妓樂酒饌,

來話, 夜深後罷去, 鷄鳴就寢. 是日, 行五十里.

初七日, 雨勢霏灑, 而科日漸迫, 無以留連, 冒雨發行, 中火德山驛. 雨勢不止, 踰咸關嶺, 高峻少遜於鐵嶺, 而樹木參天, 治道甚坦, 皷角導前, 肩輿而行, 頗覺暢鬱. 下嶺, 小憩咸原關, 替乘居山馬, 夜宿洪原縣. 城堞閭里, 俱爲穩籍, 海曲逶入邑底, 奇峯羅列, 左右景致, 頗爽塏. 波濤之聲, 達夜撼床, 依然如夜渡三峽也. 主倅崔漢翼, 出見穩話. 李盲達熙, 卽地邑人, 而年來以卜術, 擅名於京洛. 曾有面分者也. 夜中來見, 一行俱行中休咎. 是日, 行九十五里.

初八日, 遵海而行, 小憩方壺亭. 山夅斗入海中, 蒼壁削立, 波濤蕩濆. 古有節婦, 珠沉於此巖下, 故名曰, 節婦巖, 置亭其上. 又有一小島, 正在水中央相對而立, 松林環匝, 左右漁戶煙火, 隱暎於樹間, 甚可愛也. 中火平浦. 夕踰雙浦, 嶺不甚高峻, 而踰嶺, 卽北靑地也. 三十里長川, 左右橫決, 田疇俱無形址, 水入北靑, 城外大川, 尤爲泛濫, 白沙亂石, 一望無際. 廣爲八里, 長爲八十里. 目下民情遑急, 城內市上, 五穀不出, 居民, 多有浮黃者云. 舟渡大川, 馳入北靑府. 城在山下平地, 可稱雄府, 而石屋甚危, 市腥觸鼻, 無可觀矣. 主倅李禮延, 出見, 洪原倅, 亦以延命事, 隨余行至此, 來見, 端川倅李用錫, 利原倅金祉皐, 居山丞吳彙良, 皆來見, 盖聞南兵使李完植, 明日方設宴會, 邀來鄰近守令故也. 夜主倅携歌妓酒饌, 來話而去. 南兵使要主倅挽余行. 願赴明日宴席, 而終不來見, 可怪. 余以行忙辭焉. 是日, 行九十里.

初九日, 發行, 踰大峴, 中火居山驛. 行及侍中臺, 左右山麓, 都是松林. 肩輿而上至頂, 一麓斗入海中, 前臨無際. 高麗尹侍中瓘, 討靺鞨, 往來時, 駐節於此. 其後孫尹憲柱北伯時, 立碑記續, 刻侍中臺三字. 行到南松亭, 海上高阜, 長幾十里, 廣可數帳. 松林簇立, 上蔽天日, 路穿其中. 踏沙而行, 山光海色, 隱暎於松間, 甚壯觀也. 但塚墓累累於松間, 聚沙成墳. 不生莎草, 若有昭君墓, 則當曰靑塚也. 墳前多立短碣, 或書以座首某公, 別監某公, 可笑. 松林盡處, 有利原邑. 入宿政堂, 亦空官也. 依山小邑, 無可觀. 而明麗可愛. 是日, 行百里.

初十日, 發行, 到北松亭, 與南松亭, 無異. 又過一松亭, 延袤不及南北松亭矣. 遵海而行, 中火谷口驛, 卽居山察訪郵舘, 而其傍有月波軒. 地勢高敞, 大洋前環. 板上多前人題詠. 往觀學士臺, 山麓斗入海中, 而石壁屹立, 下鋪盤石, 離奇錯落, 彷彿丹陽之中仙巖. 而海濤觸之, 幾及盤石之半, 聲如撼山, 甚壯觀也. 臺卽金相國熤謫守利原時, 命名刻石, 時出宴遊者也. 石上多前人題名, 故余亦大書名字, 托首鄕刻之. 夕踰摩雲嶺, 危險高峻, 又倍於咸關嶺, 而重巒疊嶂, 若在天際, 摩雲之得名, 信不虛矣. 夜宿端川府, 城堞廨宇, 亦一雄府也, 空官也. 是日, 行八十里.

十一日, 朝雨, 冒雨發行. 中火磨谷驛. 北兵營吏兪衡佐·啓書吏丁宗翼, 及都色·通引·吸唱·使令等, 持署干支裝物種而來現. 飯后雨霽. 登摩天嶺, 高峻又過於摩雲嶺. 直天所以限南北也. 昔余登嶺東之大關嶺, 自以爲平生創觀, 今又過之, 未知此後, 又當見過於此之嶺耶. 山腰有北兵使交龜亭, 小憩, 進一盃酒. 下嶺乘昏, 馳入城津城, 夜宿決勝軒, 卽僉使衙軒也. 城北斗入海中. 四面石壁, 環以大海, 連陸處, 僅容一帳. 及天, 作四塞之險, 而據一路要衝之地, 眞可謂我之所要, 敵之所害, 必守而不可失之地也. 僉使李吉求, 出見. 自此以後, 是北關地, 故各邑迎候應接之節, 大異於前矣. 是日, 行百里.

十二日, 早起, 上望洋亭. 亭在東城隅, 最高處, 擬觀日出而雲翳不得見. 下憩觀魚亭, 登洗劍亭, 內外城堞, 四面海色, 官廨民居, 皆入眼界矣. 歷觀朝日軒, 發行, 中火臨溟驛. 歷拜溟川書院, 卽趙重峯, 謫居遺基也. 夕宿吉州牧, 城堞廨宇, 以防營之故, 頗稱壯麗, 而邑基在平地, 四無障礙, 無足可觀矣. 主倅李亨權, 出見, 而以防禦使之故, 相與抗禮矣. 曾聞北關親騎衛, 卽東國精兵. 朝發夕至, 而五里程, 出待者, 不滿半數. 又皆山谷蚩蠢之氓, 軍禮之際, 散亂無統, 坐作進退, 全不中式, 可怪也已. 夜主倅携妓樂酒饌, 來話. 來此, 見營關, 則監試初試日子, 以十九日塡送, 東堂初試, 以二十九日塡送, 而覓見本邑知委關, 則二十日監試, 九月初一日, 東堂云, 事極怪訝. 以指一更關之意, 撥馬飛報于巡營, 是日, 行九十里.

十三日, 中火古站, 夕宿明川府. 雖有城池, 而非山非野, 邑基無可觀. 城內無居民, 而城外亦不滿數百戶. 曾認以雄府而所見無異殘邑也. 主倅吳致豐, 出見, 前中軍朱南翊·前僉使鄭海運, 卽此邑人, 而北關之傑也. 招見後, 軍官傳令, 使之投刺. 是日, 行七十五里.

十四日, 早發行. 未十里, 卽鏡城地也. 望見海岸大野中有一孤山. 而石柱屹立於其巓. 上下均圓, 高可數十丈云, 是天柱峯也. 行到鬼門關, 地形如淮陽之麥坂, 而高深危險, 反不及麥坂, 廣亦倍之, 而海門不遠. 故風氣, 稍覺陰寒. 石壁俱甚黝黑, 鬼關之得名, 以此故耶. 此谷, 蓋自白頭山, 天作凹陷, 直至海門, 如是云. 平日聞人從鬼門關來, 如聞異域消息. 今乃身到此地, 忽不禁家國之戀矣. 少憩驛館, 進一盃酒, 前進朱村, 富寧前倅尹喜豐, 遞來之路, 來此相見. 夕踰永康嶺, 留宿於驛館, 是日, 行百五里.

十五日, 早發. 是日, 卽秋夕也, 處處上山設祭, 衣冠之男子, 牛

車之婦女, 彌滿道路, 盖咸興以北, 多曠野, 故家家有車駕, 以
一牛運穀搬柴, 婚嫁往來, 皆賴牛車, 直至六鎭, 皆然云. 未午,
抵鏡城, 處載筆堂, 卽評事衙軒也. 入拜兵相, 除軍禮而行私
禮. 退後, 主倅李鳳純, 出見. 城郭軍容, 可謂大排布, 而習俗蚩
蠢, 大不如關西矣. 夜月色如晝, 散步庭除, 卽刻出令, 步上南門
樓, 妓樂酒饌, 亦稍來集. 東望大海, 渾成琉璃世界, 胸襟, 不覺
爽然. 夜深後, 還寢. 是日, 行四十五里.

十六日, 仍留. 食後, 往遊元帥臺. 紅粧十隊戎裝前導. 馬上歌
舞, 馳驟如飛, 亦可觀也. 臺卽尹元帥瓘, 駐師處, 而尹憲柱立
碑者也. 前臨大海, 海濤甚壯, 人語難分. 距邑近十里, 而夜寢
時, 亦聒耳矣. 主倅及營幕趙生, 亦偕來, 觀劍舞. 海上景致, 果
不草草也. 侵暮而歸, 裁三天書, 懇主帥傳送.

十七日, 早發, 中火輸城驛, 亦非察訪郵館, 而察訪李熙敎, 來
見. 故使之落後, 行到兄弟巖. 雙巖對峙於川邊, 而一大一小,
故名以兄弟. 富寧邑廚傳歌妓, 來候, 故少憩, 進一盃酒, 馳入
富寧府, 留宿. 城堞堅緻, 衙舍宏闊, 而邑基在亂山中, 無可觀
矣. 主倅權聖彦, 出見, 穩城倅申光碩, 歷路來見. 鏡判亦以參
試, 偕來相見. 是日, 行百里.

十八日, 雨終日霏灑. 冒雨發行, 終日行絶峽中, 中火廢茂山鎭,
殘鎭也. 聚石爲城. 禁木蔽天而鎭卒皆疲殘矣. 歷路, 丹楓正酣,
於此, 可驗北關之早寒也. 踰車踰嶺, 不甚高峻, 而長谷逶迤,
樹木叢鬱. 肩輿, 行二十里, 夕宿麻田驛, 是日, 行九十里. 茂山
倅, 前來相見而去.

十九日, 早發, 連行絶峽中, 馳入茂山府, 卽六鎭中一也. 豆滿江
在城外數帿地, 而江外胡山, 羅列於眼前. 邑治稍平廣, 城堞稍

堅固, 而吏屬武列, 皆爲疲殘, 軍門節次, 殆不成樣. 不意邊上
重鎭, 若是之疏虞也. 自鏡城, 至此, 皆行絶峽中, 此卽白頭山
底而華夷地盡頭也. 民俗尤多胡風. 屋舍, 皆覆以土, 殊無樂生
之意, 而人物則猶似京華, 可怪也. 到此見營闕, 始知慶科以增
廣判下, 監試日子, 仍用式年試日, 而式科則退以明春矣. 主倅
李濟完·副試鍾城府使愼宜學·參試鏡判, 皆出見. 來此, 草木,
皆方黃落, 無異九十月天氣. 胡風之早寒, 尤可驗矣. 是日, 行
五十里.

二十日, 卽監試初場日也. 天明, 開門設場. 詩題曰, 作石廩峯詩,
願家家有廩高如許, 賦題曰, 爲我說濂翁, 收劵爲一千三百餘
張. 考試過半, 揮場三張. 夜穩睡.

二十一日, 考試畢. 騎撥始回, 巡使巡到高原, 回題, 而果是營吏
誤書之致也.

二十二日, 夕小雨. 天明, 開門設場. 義題曰, 朞三百有六旬六日,
疑題曰, "問公孫丑曰, '敢問, 何謂浩然之氣?' 曰, '難言也' 程子
曰, '觀此一言, 孟子之實有是氣可知' 夫難言之一言, 知其實有
是氣者, 何歟? 又曰, '其爲氣也至大至剛' 又曰, '其爲氣也, 配
義與道' 前後爲氣也. 同歟異歟?" 又曰, '無是, 餒也' 又曰, '行
有不慊於心則餒矣' 上下餒字, 同歟異歟, 收劵爲五百餘張. 考
試幾盡, 夜穩睡.

二十三日, 朝起視之, 四山, 雪色皓然. 八月之雪, 曾聞其語, 而
豈意目覩耶. 平明出榜. 詩壯元李賢復·賦壯元李泰元·義壯元吳
鍾杰·疑壯元金健淳也. 參榜者, 多有來見者. 六鎭儒生, 皆將直
赴會圍, 請得草料, 故皆許給. 鏡城倅, 先爲辭去. 食後同主倅,
及鍾城倅, 出坐朔易樓. 卽北城門樓, 而樓頗宏闊, 俯臨大川,

前對絕壁, 陰風蕭颯, 朔氣慘憺, 便令人稍然不樂矣. 盖邑基在
於四山之中, 城址環以石壁, 登樓眺望, 四面, 皆在眼界矣. 酒
三行, 命妓, 歌以侑之, 響戞樑塵, 亦甚悲壯, 可聽矣. 日暮下樓,
鏡城會儒之行, 付四天書.

二十四日, 北兵營朝報便, 見一天家書. 因洪友聖善所囑, 邑人
金鍾穆招見後, 軍官傳令, 使之投刺, 平明, 出坐望美樓, 卽城
西門樓也. 境內親騎衛八十名, 俱軍裝鞍馬, 一齊來會. 點馬後,
各試騎蒭槍劍月刀雙劍等諸技. 躍馬爭先, 無不鍊熟, 果可謂
吾東之精兵也. 以落幅紙箭竹等屬, 施賞有次後, 修送監試榜
科作等文書, 仍輕裝跨馬, 發白山之行, 盖一登白山, 平生宿願,
而今年, 科期相値, 寒事早動, 恐似未諧矣. 東堂日子, 旣退三
日, 則其間六七日之間, 似可往返. 故遂排衆議, 治發, 主倅及鍾
城倅, 亦隨來矣. 出西門, 緣江而行, 處處奇峯, 曲曲淸流. 豆滿
江, 曾謂大江, 而及今見之, 只一大川耳. 其狹處, 或不過六七
步, 其淺處, 亦可蹇裳而涉矣. 過南溪, 村頗盛密. 捨馬乘輿, 循
山腰而行, 左挾泰山, 右臨絕壁, 凜乎不可俯視矣. 行數里許, 有
峯突起於路邊江上, 名爲山羊巖. 其高不知幾許丈, 登巓俯視,
眼眩股戰. 高山四圍, 雖不遠眺, 而江北平原, 荒草蕪沒, 盖胡
地而人居距此甚遠云. 踰大小山羊嶺, 嶺甚峻險, 執炬行十餘
里, 投宿南村村舍. 是日, 行二十五里.

二十五日, 早發. 循江緣崖而行, 景致殊奇絕. 踰甲嶺, 白頭寶多
群巒入望云, 而熹微不可卞. 渡朴下川下流, 卽朴下川豆滿江合
流處也. 中火臨江臺, 高山四阻, 田疇平衍, 人家錯落, 鷄犬相
聞, 無異桃源中矣. 過江口村, 村亦頗盛. 而卽西帶川豆滿江合
流處也. 路右有胡築古城, 周回甚廣, 而不知何時創築云. 前登
江口嶺, 自此連行大坪中, 而大抵多上小下矣. 過三山坪, 披見
海嶽日記, 則自此爲無人之地, 惟有杉木森立, 不見天云. 而今

皆起墾成沃土, 村落相望矣. 至小紅湍, 村甚凋殘, 而岸高谷深, 水淸洞幽, 漸覺非塵境矣. 因留宿, 是日, 行八十里. 土人言入山前, 必三日致齋云, 爭來苦勸. 故從其言, 自今夕食素饌.

二十六日, 曉起, 精造粢盛, 具幣布辦香爲文, 虔告于山巓神堂白頭山之神. 仍前行, 自此捨江而山, 樹木參天, 不見天日. 而山火所焚處, 則自枯風落之木, 交橫於道路, 無以馳馬. 樹木, 都是杉 [잇개나무] 樺 [봇나무], 而杉多樺小, 皆挺立, 無屈曲者, 其直如矢高, 可數三十丈, 樺則皮如塗粉, 白暎人眸, 草則白山茶芝粥[可造正果], 及躑躅杜鵑之屬, 而無他草木, 直通大漠, 數千里, 皆然云矣. 余語同往者曰, "今此杉樺, 斫伐連續, 則可抵何處?" 或曰, "當抵京" 或曰, "當抵東萊, 議論紛紜" 茂山倅, 獨曰, "所見何其局也? 簇立之杉木, 不知爲幾百里幾千里, 則此所謂無盡藏也, 設使四方十里之木, 斫伐連續, 則當抵千里, 今此杉木沒數連續, 則雖西抵巴蜀, 南抵交趾, 必當木有餘而地有窮矣" 其言誠有理也. 前行至長坡村, 長谷中人家, 緣溪奠居. 殆近六七十戶, 自作一社, 又有倉舍, 此則數十年來所成聚者云. 自此以後, 行無人之地. 午站夕宿, 皆結草幕云. 只有一路, 僅通人行, 而無他岐路, 牽夫以鞿繫腰而前, 一行魚貫而進. 踰南甑·蘆隱兩山之間, 南見寶多山, 東見長白山, 西見白頭山, 而雪色, 皆皎然矣. 至大紅湍, 卽小紅湍之上流也. 中火於芨谷, 行過大小柳谷, 蓋此山之木, 都是杉樺, 而此谷獨有柳樹. 故因以得名. 終日行亂坪中, 卽所謂天坪也. 自蘆隱以後, 前後左右, 皆平原, 曠野四面, 各數三百里, 一望無際, 直通胡地曠漠之野, 通計數千里, 無所障礙, 惟有逈迤陂陀之間之者焉. 若起墾播種, 則皆可謂沃土. 而四月氷始解, 七月霜已降, 中間數三月之內, 百穀, 無以成熟, 故人跡所不到, 山僧亦不居. 雖無登陟處, 而地勢之高峻, 可知也. 夕抵沙阤峯, 芨舍止宿, 此又大紅川之上流也. 斫木結幕, 圍以鋪陳屛帳之屬, 又斫大木, 四面積聚.

高與肩齊, 而爇之以火. 終夜不滅, 而熱氣所熏, 不甚寒栗. 下隸輩, 聚首附火. 以經夜. 連夜皆然. 是日, 行九十里.

二十七日, 早發, 行數十里, 道傍有泉水, 湧出於平地, 大如束薪, 騰空尺餘而下, 聲活活, 勢甚壯大. 插木其中, 不能支. 過數里, 卽爲大川, 卽紅湍, 發源處也. 下馬小憩, 以瓢子, 酌飮之, 味甚冷冽. 行過寶多山, 山形, 突然堀起, 山脚不甚嶄巖, 似非難躋之地. 而土人傳言, 其上亦有大澤, 澤畔, 多産人蔘, 又多水陸珍寶, 而人或到此, 則靑天雷霆, 白日風雨, 故雖近方獵徒, 終不得上云. 中火三池淵, 盖平野中有三大池, 故因以得名. 第一池第二池, 或淺或小, 別無可觀, 而第三池, 水色如鏡, 四面方正, 周圍, 可四五里, 中有小嶼, 嶼狀圓突如鉢, 盖雜樹被之, 色甚街麗. 池邊四面, 小岸環圍, 杉樹茂蜜, 可以方舟遊翫處也. 自池南有路, 卽走甲山路, 而虛項嶺距此爲五里云. 從池北行, 過泉水, 卽洞中泉水, 湧出處也. 行五里許, 見一乾川. 滿川皆鋪白沙, 而沙卽水泡石也. 大石之成瀑者, 又皆色黑, 而碨磊嵌空, 今人之造磨石者也. 川窮, 進宿加察峯下茇舍. 是日, 行八十五里.

二十八日, 早起, 行十許里, 地勢稍高, 而樹木漸疏. 樹盡處, 仰見, 白山當前. 雖不甚高峻, 而寒氣逼人, 風勢漸高, 已知大冬. 四時留雪, 草木不得長養, 山頭沙石, 又皆水泡石也, 於此, 始知白頭之得名, 盖以此也. 大抵水泡石, 卽水泡之堅凝成石者, 則宜在海邊, 而今此山, 其高爲三百里, 距海爲近千里, 則全山之石, 都是水泡, 此曷故焉. 天下物理, 誠不可以意究也. 抑開闢之前, 混沌之世, 此地亦曾爲海耶. 尤未可知也. 冒風, 前進之際, 忽有兩鹿, 憂過而走, 從者追之, 不及. 盖此山本無猛獸, 幷與鳥聲, 而不聞, 惟有麋鹿云. 行至分水嶺, 此卽白山南面正脈. 而不甚高, 可以騎馬而上. 上有小石碑, 刻曰, "大淸烏喇摠管穆克登, 奉旨查邊, 至此審視, 西爲鴨綠, 東爲土門, 故於分水嶺上勒石爲記, 康熙五十一年五月十五日, 筆帖式蘇爾昌·通官二哥·朝鮮軍官李義復·趙台相·差使員許樑·朴道常·通官金應潤·金慶聞." 蓋兩國定界, 本在於先春嶺, 嶺有高麗侍中尹瓘所立碑. 而肅廟壬辰, 穆克登, 奉康熙旨來, 到先春嶺, 要與更定疆界. 廷臣, 皆憚遠役, 百般厭避. 朴判書權, 年已七十餘矣. 以其無勢力, 差出遠接使, 迫送之. 朴公, 到甲山, 老病, 無以前進, 逗遛十數日, 穆胡諜知之, 一日一夜, 疾馳七百餘里, 登分水嶺, 督促之, 朴公不得已, 使差員軍官輩, 往接之, 穆胡遂立碑定界而去, 從此以後, 分水嶺以北, 白頭大澤, 亦入於胡地, 而我國坐失先春嶺矣, 可勝歎哉. 今觀地形, 分水嶺東西, 皆有大墜, 西墜潺流, 若有若無, 而下流爲鴨綠江東, 則無水, 而至於三十里外, 土門, 始發源, 爲豆滿江. 自分水嶺, 至土門發源處, 穆胡, 或聚石, 或插木, 或立土墩, 以爲定界焉. 分水嶺, 南走崛起爲臙脂峯, 峯亦無草木而多赤石, 故因以得名. 又南走四十里許, 爲小白山, 此卽我東八道之都脈, 而白頭之後支也. 小白之脈, 東北走爲六鎮, 西北走爲廢四郡, 及江邊七邑, 東南走爲長白山摩天摩雲等山, 西南走爲三甲諸山矣. 自分水嶺, 捨馬直上, 距絕頂, 不過數里. 而風氣甚猛, 十顚九仆, 一行上下, 皆脫笠縛衣, 抆攜, 寸進山凹處, 積雪沒膝, 且休且行, 及登絕頂, 卽大澤之岸也. 四壁削立如屛, 壁上石峯如劍拔矛挺, 其高不知爲幾百丈, 周圍爲七八十里, 下陷爲大澤, 而水色深綠, 以無草木落葉之, 故尤爲淨潔, 而氣勢雄渾, 凜乎不敢俯視. 遠近壁色, 燦爛如神剜鬼刻, 澤形如蜈蚣, 見西南角, 則不見東南角, 見東南角, 則不見西南角矣. 南岸有沙汰處, 獵徒或從上滾下, 取飲澤水而上來極艱云. 北岸則壁坼有罅, 澤水流出, 懸流爲瀑布, 直瀉屢千丈, 爲混沌江之源. [一名, 黑龍江] 至烏喇, 東流入海云. 試擧眼南望, 則三池之水及小白寶多桃峯等山, 如在脚底, 長白山在五百里外鏡城界, 而如在几案前, 東海決泲, 天水一色, 不可卞矣, 韓姓人, 指路者, 指東北一抹曰, "此醫巫閭山也, 卽白山來脈也" 指其下虛廣處曰, "此瀋陽遼東等處也", 又指正北山川曰, "此先春嶺也, 此鳥喇也, 此寧古塔也" 指東北曰, "此厚春也" 歷歷指點, 而風埃不可遠眺, 雖無風埃, 眼力有窮, 豈能領晷耶. 只不禁北望慷慨, 自有勒石燕然, 封侯萬里之志矣. 遂下山, 小憩山腰, 從者自宿站, 負薪水而來, 爇火煖水, 以救飢凍, 盖山上無薪水故也. 下至臙脂峯, 主倅前已令廚人, 設午飯於此處. 而廚人託以無水, 不爲備待, 一行飢乏, 傾出橐中冷饆片, 分以救飢. 馳至泉水, 始食夕飯, 因留宿芰舍, 是日, 行九十里. 一行人馬, 皆於曉食後, 冒風寒, 上峻坂, 行百里程而視若尋常. 北方士馬, 飢渴不困, 上下山坂, 盖可驗矣.

二十九日, 早發, 至沙陀峯中火. 庖人繼肉, 從人, 綱川得魚, 獵徒獻雉, 一行始開素頓飽. 但不得獵得一鹿, 可恨. 夕抵大紅湍, 止宿芰舍, 是日, 行九十五里. 是夜, 天氣酷寒, 睡不能着. 一行皆起坐, 或附火取煖, 或煖酒禦寒, 坐而達曙.

九月

九月初一日, 早發, 行過蘆隱山, 回望白山, 不無悵然底意. 午秣于長坡民家, 四五日之間, 始見閭井人民, 一行皆欣喜, 如還鄉里矣. 峽氓來集, 以耳麥饘·川魚·芝粥·正果之屬, 餉之. 眞所謂禮野意眞. 以落幅紙一軸謝之. 獵徒獻一熊, 炙熊掌, 一行頓飽. 夕過小紅湍, 復禮拜於神堂, 以致謝意, 夜宿江口村, 是日, 行九十五里. 夜因北兵營朝報便, 見三天家書, 承孟睍從姑母, 望日下世之報.

初二日, 始宿煖堗, 困憊晚起. 中火古倉坪, 夕入茂衙, 日未沒矣. 是日, 行七十里. 自茂山往還白山, 几爲六百二十里矣. 始余之

入此山也, 傍觀無不挽止. 設爲五難, 謂必不達而還矣. 蓋白山
距茂山, 雖爲三百十里, 而山路險阻, 較陸路, 五六百里. 故自
前遊觀者, 必持十日糧, 然後可以往還. 而今也試日有定, 恨中
間日子只爲七日. 則其前往還未可必也, 此一難也. 且雖以七日
之限, 排站直進, 而深山之中, 晴日恒少. 若一遇雨雪, 則進退不
得, 將有狼狽之慮, 此二難也. 絶峽二百里, 無人之地, 顚木交
橫, 荊棘塞路, 必剪除芟伐, 然後可以通路. 崩崖斷岸, 溪潤泥
濘, 必伐木成橋, 然後可以利涉. 而數三日之內, 役民於數三百
里之外, 無以及期畢役, 此三難也. 今年早寒, 山上雪積已久矣.
雖至山下, 必將咫尺不通, 無以登陟山上, 雖至山上, 又將風埃
雲霧, 無以俯瞰大澤, 此四難也. 自京離發之後, 逐日疾馳, 又
汩試役, 無一日休息. 而又若七日山行, 四夜露宿, 三日食素, 則
恐有無妄之患, 此五難也. 其言皆有理. 而余皆聽若不聞, 大定
離發. 鍾城倅, 難於獨留, 從余而行, 主倅慮有中路狼狽, 亦隨
而出, 通計一行, 馬爲二十餘匹, 人爲五六十名, 而隨余上大澤
者, 未滿十人. 赴役供給之民, 每站爲數三十名, 民邑之獘, 亦不
少矣. 所可幸者, 五難之中, 無一狼狽. 上山之日, 雲翳屏除, 澤
水如鏡, 曲曲俯瞰, 未知余果有仙緣耶. 從人中亦多前日上山
者. 而皆云, 曾未有若是諦視時云. 行橐中有前人遊山記三四
部, 而皆云雲翳不得縱觀. 金令士鴻遊山記, 亦云, 只見大澤東
南角云, 恨不能直把士鴻手誇此仙緣也.

初三日, 早發. 富寧試邑之行, 距茂爲一日半程, 而明日卽試日.
故疾馳而行, 中火䴰田驛, 秣馬廢茂山, 初昏抵富寧, 入處客館,
是日, 行百四十五里.

初四日, 天明, 開門設場. 論題曰, 蕭何入關, 先收圖籍, 疑題
曰, 問千乘治賦, 子路之才也, 一匡天下, 管仲之功也. 千乘之
於一匡, 固有所不逮矣. 然則曾西推尊子路, 而羞比管仲者, 何

歟. 丑先間, 幷及晏子而孟子之答, 只言管仲者, 何歟, 收券爲
二百四十餘張, 考試幾畢, 夜困睡.

初五日, 天明, 開門設場. 賦題曰, 上以誠愛下, 下以誠事上, 而
兩不知其所以然, 表題曰, 擬虞羣臣, 賀禹貢冀州, 不言疆界,
以示王者, 無外之義, 收券爲二百七十餘張, 考試過半. 路憊甚
劇, 達夜昏睡.

初六日, 朝雷雨. 天明, 開門設場. 策題曰, 問科擧之法. 收券爲
六十六張, 考試幾畢.

初七日, 編次出榜後, 鏡判先歸. 夕觀妓樂, 夜移處東軒, 李生禹
會來見, 二天家書.

初八日, 慶源倅·穩城倅·訓戎僉使, 皆從兵營來, 歷入暫見而去.
午後, 登衙後掛劍亭, 地勢陡絶, 四面如削, 俯臨邑基, 無一障
礙, 正是置亭處也.

初九日, 雨. 今日卽兩殿上尊號, 進饌陳賀日也. 主倅, 設妓樂酒
饌, 以示同慶之意, 終日歡宴而罷. 北虞侯鄭邦采, 赴任之路,
來見, 茂山倅, 亦於覆檢, 歸路來見.

初十日, 北虞侯·茂山倅, 皆告去. 修送東堂榜科作等文書. 咸興
中軍有書, 伴以藥料及煙茶.

十一日, 發行, 中火鞍城, 抵鏡城, 復處載筆堂. 是日, 行百里.

十二日, 入拜兵相, 出十邑旬題詩賦各四首. 詩題曰, 昔我往矣,
楊柳依依, 今我來思, 雨雪霏霏, 又曰, 天新雨道少人. 司馬季

主閑坐, 弟子二三人侍, 又曰, 淮水出桐柏山, 東馳遙遙, 千里不能休, 把水出其側, 不能千里, 百里入淮流, 又曰, 君不見, 黃河之水天上來, 賦題曰, 鶴鳴于垤, 婦歎于室, 又曰, 遊於卜肆中, 又曰, 幸不幸, 又曰, 若有人兮山之阿.

十三日, 營校便, 付五天書.

十四日, 出坐客館, 觀校射. 武士六十人, 分兩隊輞射, 互相爭能, 亦可觀也.

十五日, 行望闕禮.

十六日, 自子時, 至寅時, 日食. 會寧科儒便, 付六天書. 食後, 登望海亭. 亭在西山之腰, 俯瞰城內, 東臨海外, 暢豁可喜. 仍觀鷹獵, 自吏校, 徒御以下, 大搜山藪, 獲六雉, 燒石炙食之. 有三獐, 憂過坐前而獵狗追之, 不得可恨.

十七日, 登東門樓, 觀日出, 略有海霧, 雖未快觀, 余於關東之遊, 屢日曉起, 猶無如今日所見矣. 崔重巖來, 見四天書. 土人指東門內蓮池曰, 此卽壬辰逆賊, 鞠世必之家基云.

十八日, 高嶺僉使李井會, 赴任之路, 延命於兵營而不來見. 余直爲發行, 故發關, 推捉其兵校矣. 僉使, 到輸城, 還來謝過, 謂無新延吏校, 故評臺之在此邑, 漠未知之云. 固亦無怪而武人麤疏, 類如是矣, 可笑. 兵校特令安徐.

十九日, 今日卽喪餘也. 客館懷事, 尤爲罔極. 李生禹會告歸, 故付七天書.

二十日, 患感甚苦. 城津僉使來見. 服正氣散.

二十一日, 患感. 自曉雪下, 終日不止. 服正氣散.

二十二日, 患感. 城津僉使歸去. 服正氣散.

二十三日, 病氣小減, 設白日場, 詩題曰, 遇崔池二義士, 同行, 至漁郎武溪, 訪李義士家, 賦題曰, 君未爲壯觀, 古風題曰, 元帥臺, 詩賦古風, 各取十五人, 呼中設宴, 賞以紙筆墨而罷.

二十四日, 高嶺舊僉使, 李義根來見.

二十五日, 大雪數尺許. 九月大雪, 已再度, 北方寒事, 可知也.

二十六日, 兵相大設妓樂而見邀, 故進去, 遊衍而歸.

二十七日, 近日邑人輩, 多來, 求屛簇·付壁書, 故隨所求酬應, 亦足爲消遣之資.

二十八日, 高嶺舊僉使, 上去便, 付八天書.

二十九日, 本邑旬題, 畢考出給. 明川, 亦收劵送來, 故考第以送.

三十日, 會寧韓澤僉來, 見五天書. 聞徐記注程淳之訃, 慘不忍言. 午兩殿上尊號, 赦文下來. 故出五里程, 祗迎, 隨詣客舍, 參賀禮. 夕入拜兵相, 盖以明日將移住行營故也.

十月

十月初一日, 行望闕禮. 兵相發移住之行. 慶源旬題, 來呈. 故考
第以送.

初二日, 院隷金鶴聲, 赴謫之行, 見六天書. 邑中吏民之行惡, 虐
民者, 畧加懲治.

初三日, 發北巡之行, 中火輪城, 夕宿富寧. 久閑之餘, 又忽驅
馳, 困憊還甚於連日行役時矣. 是日, 行百里. 本邑人姜祥國, 聞
其有學行, 曾執贄於砥平山林云. 故前來時, 遣吏存問, 要見矣,
托病不來. 今又屢次要見, 始爲來見, 爲人拙訥疎雅, 可知爲固
窮讀書人也.

初四日, 假稱廉客者, 自茂山捉來, 故刑之杖之, 取服後, 移送
于十邑, 使之輪刑. 食後出坐鍊武廳, 試親騎衛諸武士柳葉箭·
騎蒭·騎槍·月刀·雙劍等技, 仍以米穀箭竹等屬, 施賞. 本邑旬製,
畢考出給.

初五日, 玉堂隷魚致明者, 赴謫端川, 得由來見. 謂方上京云. 故
付九天書. 晚發, 行三十里, 乘輿十五里, 踰茂山嶺, 嶺路不甚峻
高, 而繚踰嶺, 風氣甚惡. 寒事栗烈, 南北迥殊. 抵宿古豐山鎮,
鎮卽會寧地. 而以有茂嶺關防, 故築城設鎮矣. 鎮將康漢俊, 卽
皇朝人康世爵之後孫. 故取覽其祖事蹟冊而還給. 會寧退妓海
玉, 出來相見, 卽兵使從叔, 所眄者也, 率置京第, 下世後, 還歸.
聞余之來, 中路來迎, 涕泣話古, 不覺愴憐也. 是日, 行六十里.

初六日, 早發, 入會寧府. 城堞樓櫓, 可謂雄府而胡山羅列, 朔氣
慘憺, 樹木絕罕, 景物極蕭瑟矣. 入處滌愁軒, 卽客館也. 大野

前環, 豆江後流, 極其爽豁而朔風撼屋, 甚不宜於冬處矣. 主倅
李觀植, 有足病, 不得出見. 堂叔莅任時, 任事鄕武, 皆招見, 其
中韓澤儉, 軍官傳令, 使之投刺. 是日, 行六十里.

初七日, 設白日場, 詩題曰, 五國城館, 笑班定遠, 辛苦乞生還,
賦題曰, 幽憤古今同, 古風題曰, 滌愁軒, 仍出敎場, 試弓馬諸
技, 親騎衛點馬, 歷覽胡館, 還卽考券出榜. 各取十五人, 儒生
則呼中設宴, 賞以紙筆墨, 武士則箭穀施賞而罷, 詩壯元尹秉
模, 賦壯元吳鍾翕.

初八日, 始欲於今日往見叟下鎭矣, 卽五國城. 風雪甚劇, 無以
出門, 姑爲停止. 主倅以本邑居接白日場, 迨此儒生之聚會, 懇
請試取, 故又爲設場, 詩題曰, "人而不爲周南召南, 其猶正墻面
而立"賦題曰, "采民俗歌謠謂之風"取十人, 詩壯元吳能濬, 賦
壯元吳鍾翕. 主倅盛設風樂, 自午至夜深而罷.

初九日, 本邑旬題, 畢考出給矣. 儒生更爲請題, 故又出四題, 詩
賦幷同題曰, "麒麟之於走獸, 鳳凰之於飛鳥, 泰山之於邱垤,
河海之於行潦, 類也"又曰, "士者, 國之元氣"又曰, "使蕭何守
關中"又曰, "飄飄乎如遺世獨立, 羽化而登仙"晚發, 中火高嶺
鎭. 壓臨豆江, 直對古羅耳路, 前遮泰山, 而山前有大塚, 諺傳
李陵之塚云. 卽胡人出來要衝之地, 故所以設重鎭也. 僉使李
井會出見, 又行二十里, 見所謂皇帝塚者, 按宋史金人, 執徽欽
北歸, 幽於五國城, 高宗紹興五年乙卯, 徽宗崩, 十二年壬戌, 梓
宮還, 二十六年丙子, 欽宗崩云. 梓宮旣不返, 故故老相傳, 是欽
宗塚. 而大如邱陵, 高可五六丈, 傍有纍纍百餘塚, 皆是從亡侍
臣之塚云, 蓋欽宗之亡, 距今七百餘年, 而此地久沒於蕃胡, 入
我朝, 金節齋開拓六鎭後五國城, 始屬我境. 自其時, 故老相傳,
以至于今, 則皇帝塚之說, 似信然. 而曾是萬乘天子, 一朝蒙塵,

三尺荒墳, 寄寓於他國, 即地溯古, 自不禁慷慨之懷. 每讀朱子書梓宮未返含冤忍痛之句, 雖是異代, 而輒有扼腕裂眦之意. 若使朱夫子生時, 得聞海外朝鮮國有皇帝塚, 則當作何如懷也. 昔我英廟朝, 特推曠感之懷, 令地方官, 灑酒而祭之, 以慰孤魂, 誠亦盛德事也. 夕入行營, 即鍾城地也. 城堞軍容, 較本營, 不至甚減. 蓋北道地, 邊胡, 不過隔一衣帶水. 而冬後合氷, 則便同連陸, 更無界限, 或慮胡騎之長驅, 故國初設法令, 北伯移住城津, 南閫移住甲山, 北閫移住鍾城, 以爲捍禦之策. 幷令於十月移住, 三月撤歸矣, 北伯南閫, 移住之法, 不知何時革罷, 而北閫移住之法, 至今遵行矣. 入城後, 處載筆堂, 頗勝於鏡城載筆堂. 是日, 行六十里.

初十日, 食前入拜兵相, 食後招集親騎衛, 點馬. 北虞侯鄭邦采來見, 前北虞侯帶去隸回便, 見七天書.

十一日, 早發, 行二十里許, 踰朴達嶺, 不甚高峻, 而輿行二十餘里, 中火防垣鎭. 鎭在山谷間, 無一樹木, 民居極蕭條矣. 過三岐立石, 馳入鍾城府, 城郭閭里, 卽一大都會也, 而胡山, 只在數里內. 入處延賓館, 卽客館而頗軒敞矣. 主倅出見, 來時防垣萬戶南鴻鷔, 騎馬戞過於前, 故到此受軍禮後, 拿入, 決棍懲勵. 是日, 行七十里.

十二日, 設白日場. 詩題曰, "開囚門登樓, 令軍校易服, 終朝受軍禮" 賦題曰, "一箭解圍" 古風題曰, "延賓館" 仍出敎場, 試弓馬槍刀諸技, 親騎衛點馬, 歷登雷天閣, 三層高閣, 忽出雲霄, 卽古之受降樓也. 胡人見之發怒, 故改今名受降樓, 懸板則移揭于行營云. 還卽考劵出榜, 賦詩各取十五人. 儒生則呼中設宴, 賞以紙筆墨, 武士則箭竹施賞而罷. 夜主倅設妓樂, 夜深而罷.

十三日, 早發, 少憩潼關鎭, 城堞廨宇, 閭里軍容, 殆無減於鍾城, 而鎭將, 人微位卑, 似無以殫壓, 可歎. 中火永達鎭, 殘鎭也, 卽穩城地也. 歷拜忠谷書院, 卽奇服齋金醒翁兪市南幷享之所也. 馳入穩城府, 城郭閭里, 非不雄壯, 而亦無一樹木, 胡山風氣, 尤爲不佳矣. 入處東軒, 主倅申光碩出見. 受吏校禮數後, 奉覽邑先生案, 盖吾八代祖考, 慶州府尹府君, 當丁卯以後胡變時, 以有文武全才, 廟堂薦授是邑, 滿苽而遞. 故來卽詢問遺愛碑所在處. 卽出奉審, 不覺愴懷. 碑立在於戊寅, 而其後二辛卯吾從高祖參判府君, 以北評事來, 改立建閣, 碑面, 幷刻建閣事實. 而閣則今無跡, 碑在南門內民家籬內矣. 參判府君, 以慶州府君之玄孫, 爲北評事, 來建閣, 余又以參判府君之玄孫行, 爲北評事, 來審此碑, 事若不偶然者. 卽懇於主倅, 願更建閣, 主倅, 亦樂爲之助而嚴沍, 無以營建, 卽令治材鳩瓦, 而約待解凍後始役焉. 夕後, 月色如晝, 散步庭除, 仍卽步出登鎭邊樓, 卽客館門樓, 而宏麗敞豁, 無減於安州之百祥樓. 聞是李節度恒權, 莅邑時所建云, 可謂將家人, 大規模也. 少頃, 主倅追來, 鋪陳燈燭, 妓樂酒饌, 次第而來, 夜深還寢. 是日, 行七十里.

十四日, 早出鎭邊樓後庭, 設白日場. 詩題曰, "夢一道士揖余, 問赤壁之遊" 賦題曰, "開戶視之, 不見其處" 古風題曰, "鎭邊樓" 詩賦各取十人. 前試武士弓馬鎗劍諸技, 親騎衛點馬, 仍試妓女馳馬之技. 凡六妓, 軍裝結束, 控大宛之馬, 兩足跑鞍, 兩手彎弓, 大聲呼唱而來, 與武士齊馳, 妓輒居先, 誠亦壯觀也. 還坐東軒, 儒生則設宴呼中, 賞以紙筆墨, 武士則以箭竹生布施賞而罷, 妓女亦在施賞中, 可笑. 謫客柳絢, 來見, 卽豐德人, 而革邑時立貳事, 坐謫者也. 昔余童時, 隨家大人於齊陵齋所, 學科賦於此人, 今始見之, 話古甚欣然. 卽退, 一大卓饌之大喜致謝之狀, 還可憐也.

十五日, 今日始欲登大將峯, 行獵軍令已下. 而余適有感冒之氣,
昨日已令停止, 爲靜坐調病計矣. 主倅, 又盛設妓樂酒饌, 以慰
客懷, 夜深而罷. 柔遠僉使金命麟·黃拓坡權管全宗元·美錢僉
使林宗勳·永達萬戶宋益壽, 皆來會. 俱是北關人. 而身手俊美,
且願隨往於古珥島獵場云. 故幷軍官傳令, 使之投刺. 武士金
曾錫者, 卽醒翁後孫, 而金鐵山彛鍾之庶姪云. 故亦傳令受刺.
吉州旬製, 畢考還送.

十六日, 早發, 沿江而東. 盖穩城府最爲我國極北, 而自此東行,
歷慶源慶興, 至西水羅, 則又稍南矣. 中火黃拓坡, 此是北關中
最殘鎭也. 城堞廨宇, 殆不成樣. 而鎭衙一帳相望之地, 有大石
高四五丈, 相對而立, 亦奇矣. 出城門數帳地, 有所謂立巖者,
兩巖對立, 如富寧之兄弟巖, 而無所依着, 無一土壤. 後面離奇
錯落, 如高城叢石. 前面繩直準平, 如丹陽之舍人巖. 而前臨豆
江, 水齧其趾. 後臨方池, 蘆葦被地, 若當春夏之交, 則尤當可
觀也. 使兩笛工, 從後而上, 登巓雙吹, 如聞仙樂矣. 夕抵訓戎
鎭, 卽慶源地也. 鎭在廣野之中, 山勢遠遠圍抱, 地形頗勝. 城
堞廨宇, 亦大排布. 而鎭況甚薄, 故雖是履歷窠, 而人皆厭避,
鎭卒皆朝暮聚散云. 隔江胡村, 羅列咫尺, 卽是朝夕待變之地,
而疎虞如此, 可歎. 鎭將李行謹出見, 慶源倅金思運, 亦前來迎
見. 是日, 行六十里.

十七日, 早發, 向古珥島. 自訓戎鎭十五里, 而平原廣野, 相望
之地也. 纔行五里許, 穩城慶源慶興三邑親騎衛五百餘騎, 排
成陣勢. 又添以本邑步兵及吏校奴令獵軍之屬, 旗幟蔽空, 劍
戟耀日, 鼓角喧天, 呼聲動地. 馳入島中, 按地誌, 崇禎丙子,
豆滿江分泒橫流而爲島, 周回二十餘里. 蒹葭之所苗, 羽毛之
所萃, 作一獵場云. 登氷而入, 設帳而坐. 慶源倅訓戎鎭將及
邊將六七人, 皆與焉. 四面觀者如堵, 殆傾數三邑. 獵狗, 亦爲

三四百首矣. 鳴金摵鼓, 大搜蘆葦中, 飛者不能飛, 走者不能
走. 或爲獵狗所齧, 或爲武夫所攫. 生擒活捉, 竟來獻馘. 未半
日, 雉爲三百餘首, 而活者過半, 獐兔亦各或二首. 尤所絕奇者.
兩邑妓十餘人, 軍裝縱馬, 齊聲而出, 須臾各獲二雉, 走馬來獻,
去來如飛. 爭能較多, 不欲讓頭於武夫, 可笑也已. 俄而軍中鼓
角迭作, 爲勝戰之曲, 占之會獵, 寓意講武者, 良有以也. 余與
邑倅及偏裨輩, 單騎巡江岸. 胡村只在咫尺, 胡兒亦多集行獵,
盖珥島之雉, 驚飛越江, 則胡人輒搏取故也. 及見余輩, 佇立啁
啾, 而不知爲何語矣. 獵徒見余之不在帳中, 獲雉不復來獻, 余
亦任之, 以爲渠輩之利. 若盡物取之, 則將不知爲幾千首矣. 諸
校吏, 皆言獲雉之多, 古未有如此之時, 日候之暖, 亦未有如此
之時云. 安原權管尹昌殷, 獲雉甚多. 故卽地傳令, 使之投刺. 日
昃, 烹獐炙雉, 大犒諸武士, 又以餘雉, 遍加賞賚. 又以餘雉, 分
送於兵營及各邑, 及鄉人之曾所親熟者, 下屬妓女之曾所使役
者, 犒畢. 諸武士, 拔劍挺槊, 一齊起舞, 亦壯觀也. 大抵北關之
軍, 眞可謂天下精兵也. 曉頭聚軍, 盡日馳驟, 而旣不帶糇糧,
又無餅肆酒肆, 而少無飢困之意, 視若常事, 誠亦異哉. 日入後,
鳴金解陣. 列炬馳入慶源府. 邑樣亦大排布, 而極目蕭瑟, 無一
可觀. 胡地厚春鎭, 隔在相望之地也. 入處統軍亭, 此亦市邑.
故別建客館, 而頗壯麗勝於鍾城之迎賓閣矣. 是日, 行三十里.

十八日, 終日霏雪. 早起, 設白日場. 詩題曰, 因天大雪, 用夜半到
蔡, 賦題曰, 視之石, 古風題曰, 大獵古珥島, 詩取金秉和等, 賦
取崔晉天等, 各十五人. 又坐門樓, 試武士諸技, 賞以箭竹白紙,
儒生呼中設宴, 賞以紙筆墨而罷. 夜因巡營驛學劉逢吉便, 見
八天書. 始承仲姊氏, 去月十二日, 棄世之報, 客地情事, 尙何言,
尙何言. 卽出下處, 擧哀後還宿. 達夜大風雪.

十九日, 曉後, 風勢尤壯. 朝起視之, 則山上屋上無點雪, 而山

下深谷, 皆與平地齊, 屋下橡上, 雪積與仰壁齊, 仰壁與椽木, 皆如塗白堊, 軒上, 雪深數尺. 余所處之房, 爲三重室, 而雪透二重, 門扇之頹碎者, 無數. 吁亦壯矣. 而邑人, 皆言此非大風也, 城門雪積, 房內白畫如漆, 然後方可謂大風雪, 而每年如是者, 不知爲幾度云. 悲疚之餘, 終日昏臥. 向夕, 風勢乍止.

二十日, 風止日朗, 而寒事甚劇. 訓戎僉使, 委來致慰, 穩城倅委書致慰, 兼送成服之具. 黃坡安原亦來見, 而皆致生布故, 以好言却之.

二十一日, 終日風. 主倅備送成服諸具, 故曉起, 出下處, 設虛位, 成服, 而昏眩不能盡哀. 尤無以定情也. 仍卽治發. 大雪餘, 路上無一點白, 而山回谷邃處, 或深爲丈餘, 日昨之風, 可知也. 發軍通路, 而霎時之頃, 或復還塞, 今日之風, 不甚惡, 而亦可畏也. 行四十餘里, 路傍山上, 有豆滿江神祠, 卽列於中祀, 春秋降香祝, 行祀處也. 穆祖, 嘗陶穴於此, 手植一松, 尙今有松林, 茂蜜矣. 乘輿進拜, 路中望見, 胡村櫛比, 人畜往來, 而一帶江氷, 堅如陸地, 可謂同閈而不可謂異國也. 因此思之, 我國所謂列鎭防守候望烽燧等節, 無異兒戲. 設使胡騎, 一朝長驅, 則雖悉賦以從, 無異螳螂之拒轍, 況可以三里五里之郭, 零星羸殘之卒, 能遏其勢乎. 且粤瞻彼地, 曾無一障一烽之設置, 則彼旣不畏吾而吾何獨畏彼乎. 昔在麗末國初, 蕃胡侵犯. 邊臣驅逐. 無邑不遭亂, 無歲不用兵, 而此則非兵亂也. 卽北胡疲殘之時, 或不勝飢餒, 來求穀物, 或因獵出來, 㤼掠村閭而已. 今則華戎一統, 紀律甚嚴, 邊境宴如, 保無兵釁, 向使胡人, 果有犯境之意, 則其將畏此防守而不之動乎. 時勢旣如此, 而我國之所以處之也, 常若待變之時, 浪費財力, 苦我生靈. 況其名爲待變者, 考其實則有名而無實. 試觀各邑鎭城內, 猝然遇變, 則一哨之軍, 無以猝發, 尙何防守之有乎. 使我爲政, 則無寧盡罷邊鎭防守之法, 而只令各邑守令, 領率近千軍於各其城內, 夏而屯田, 冬而練武, 以寓兵農相須之義, 北闊勿爲移住, 統大軍, 留鎭於鏡城, 以爲摠領之地, 則其於固邊圉, 養生靈之道, 庶可以幷行不悖也. 中火乾原, 鎭亦殘鎭, 而處在兩山之間. 少避風氣. 鎭衙後, 有松林, 稍可意也. 夕抵阿山鎭, 鎭在山脊, 左挾豆江, 右挾大川, 合襟於城外, 而城堞頗堅, 民居頗盛. 俯瞰胡地, 可謂候望要害之地, 而地勢旣高, 風勢尤猛, 終夜撼屋, 睡不能着, 如在海濤推蕩之中矣. 是日, 行八十里.

二十二日, 朝起, 風勢不止, 趂趄晚發. 或遇雪坎, 幾乎滔沒, 或逢飄風, 幾乎顚越, 或風雪眯目, 咫尺不卞. 午後艱抵撫夷鎭, 慶興地也. 形勢高敞, 俯瞰胡地, 長林鬱密, 八池羅列, 而池中多五色蓮云. 遙望瑟海, 橫亘於東北間, 若登烽臺, 則眼界尤勝云. 而風惡不得上, 且方木落氷合無可觀, 而春夏, 則可想爲勝景矣. 慶興倅李寅會, 前來迎見後, 先歸. 余亦始擬今日抵宿邑中. 而悲疚之餘, 連日冒風, 氣眩體憊, 無以强進, 故仍爲留宿. 支供諸節, 想多苟艱, 貽弊可悶. 是日, 行五十五里.

二十三日, 朝起, 風勢頓止, 發行. 行二十餘里, 望見穆祖德陵·孝妃安陵舊基. 盖穆祖孝妃在斡東昇遐. 故兩陵幷在於慶興地, 其後移奉於慶興. 而舊址則穆胡定界後幷屬胡地矣. 又其下有斡東舊城基云, 而不可卞矣. 午馳入慶興府. 府城因山爲址, 獨東門在平地, 而豆江環其前, 可謂必守之地也. 主倅出見, 四鎭將行軍禮, 而其中西水羅萬戶韓仁謨, 卽名武, 而曾經經衾, 履歷者也. 始擬入此邑, 後亦試儒武白日場, 及後島行獵矣. 雖可謂公事, 而亦涉遊賞, 幷除之, 親騎衛, 旣來會, 故只點馬退送. 飯後, 登衙後望德峯, 卽度祖舊基, 而衙舍在其稍下云. 登城四望, 頗爽豁, 後島在北城底而有樹木多獐免云. 雖不設白日場, 旣有前出句題, 只有一人來呈. 地在最極邊, 可知尤無文矣. 各鎭堡文簿去來者. 吏校中無可製寫者, 必借手於鄰近鄉人之粗解文字者, 而其人稱之以解文, 可笑. 今年, 北關年事, 未免歉荒. 而慶興尤爲慘歉. 且虎患甚劇, 前夜入衙中, 嚙衙馬云, 可怖. 峽路則白晝亦難獨行云. 南門外有三賢祠, 卽徐判書有防·趙參判榮順所祀處云. 是日, 行三十五里.

二十四日, 朝發, 沿江行四十里, 有所謂蘫浦者. 平地湖水周圍數三十里, 中多魚鱉云. 中火造山堡, 卽豆滿江入海處也. 自堡行數里, 登高望見, 瑟海接天, 江入于海, 水勢甚大. 舊有鹿屯島在瑟海中, 亦屬我地, 設官屯田而今屬彼地矣. 肩輿行數十里, 夕抵西水羅. 地形如熨斗之柄, 四面環海, 連陸處, 未滿一帿地. 翼祖入赤島時, 走白馬於此. 故取太王率西水滸之義名焉云. 入坐鎭軒. 雖是殘鎭, 而鎭基甚端的, 三面控抱. 東南臨海. 靑龍一麓, 逶迤入海, 而麓盡處, 衆石叢立插海, 如通川之叢石, 名之曰烏碣巖. 白虎入海而其盡處, 亦有大石峯插海, 名之曰海望臺. 卽肩輿上海望臺, 山脊如刀背, 而左右皆海, 波濤蕩瀁, 聲撼山岳, 神慄股戰, 不得久立矣. 坐待觀日入, 而雲翳不能善觀. 但雲氣慘憺, 大不如賞日出矣. 大抵西羅地形, 最宜於賞日出, 又宜於賞日入, 誠亦異矣. 鎭戶, 不滿百餘, 而北魚之獵, 方張, 家家結棚曝乾矣. 鎭之背, 大洋中有卵島, 海島萃集生卵, 故名焉. 鎭將, 取卵殼數筒, 示之, 皆成五色斑文, 異哉. 城門外, 有李忠武勝戰碑. 盖忠武公以造山萬戶, 曾破蕃胡於此, 故其後孫李觀祥, 以北兵使立碑, 趙判書明鼎製陰記. 是日, 行六十里.

二十五日, 早起, 上衙後, 擬觀日出, 而雲翳不得觀. 卽治發, 抵蘆邱倉, 海水環之, 亦似島中矣. 鹽盆羅列於岸上. 卽出海邊乘舟, 擬入赤島, 而風濤忽作, 危險不得入, 可恨. 盖赤島在海中, 水路爲十里, 周可十里. 狀如伏龜, 四面巖石, 皆赤故名焉. 昔我

翼祖, 在斡東時, 女眞酋長, 忌而謀害之. 翼祖道見一老嫗, 首
甕手椀而來. 喉喝求飮, 嫗卽洗椀酌水而進之, 仍告以女眞乞
援謀害之狀. 翼祖急還家, 使家人乘船, 順豆江而下, 期會赤島.
獨與孫妃走馬, 至海岸, 追者幾及, 而無船不可渡. 忽見, 非湖
汐而水自退. 仍策馬前進, 纔登越岸, 水復大至. 賊追不能渡.
而家人沿流入者, 先在島中, 遂陶穴而居焉. 其基至今在焉. 正
祖丁未, 御製紀績, 立碑建閣云. 中火後, 行二十餘里, 距邑十餘
里. 奉審德陵舊碑閣及安陵舊碑閣, 盖穆祖及孝妃舊陵墟而相
距未五里也. 太宗十年, 移安于咸興, 而石碑埋沒草間, 不知所
在. 崇禎元年, 府使崔震立得於赤池傍, 大圓峯下, 英廟己巳, 府
使洪重一, 建閣以安之德陵碑前刻曰, 穆祖德陵, 後刻曰, 洪武
二十八年二月日立, 安陵碑前刻曰, 孝妃安陵, 後刻與德陵同字,
皆頑缺而猶可認也. 陵墟, 皆聚土如墳形矣. 又行五里許, 奉審
赤池碑閣. 盖赤池, 北連豆江, 周圍十餘里. 度祖在望德山下時,
夢神翁再來言, "我是南池之白龍. 黑龍來侵, 願公射黑龍, 俾安
宅所, 則餘慶及公之後矣" 翌日, 果有二龍合戰, 乃射其黑者, 血
淋漓, 池盡赤, 故謂其池曰, 赤池. 黑龍曳尾而走江岸, 尙有縱
橫屈折處. 故謂其浦曰, 屈申浦. 正祖丁未, 御製紀蹟, 立碑建
閣. 府使洪良浩, 曾建射龍臺於其下, 今夏頹壓云. 夕入慶興府,
主倅病不能來見, 營校便見二地書. 是日, 行七十里.

二十六日, 早發, 日氣煖如春. 中火阿吾地鎭, 鎭樣雖殘, 而村閭
羅列, 田疇廣闊, 可居之地也. 美錢僉使, 委來問慰而去. 夕宿
德明館. 穩城地而亦可居之地也. 是日, 行八十里.

二十七日, 早發, 踰萬坡嶺, 頗峻險矣. 中火涪溪, 卽鍾城地也,
歷拜鍾山書院, 卽鄭一蠹·奇服齋·柳眉巖·鄭守夢·鄭休菴·金淸
陰·鄭桐溪·兪市南·閔老峯·趙樂靜·南藥泉十一賢, 妥安之院, 而
賜額者也. 院儒, 或有來見者. 此近地, 多鄕人之有文學者, 頗

彬彬可觀云. 夕馳入行營, 是日, 行六十里.

二十八日, 食後, 入拜兵相虞侯. 高嶺僉使來見.

二十九日, 會寧旬題, 畢考以送. 始服加味六味湯.

十一月

十一月初一日, 行望闕禮. 會寧鏡城, 更出旬題四題, 詩賦同題曰, 得其所哉, 得其所哉, 又曰, 使平得宰, 天下亦如是閑, 又曰, 無飯意, 未嘗不在鉅鹿, 又曰, 當年七夕笑牽牛.

初三日, 小雪, 咸興便, 付十天書.

初四日, 鏡城科儒回便, 見十天書. 涪溪南大任, 南歈谷陽龍之子, 南平澤溟鶴, 號五龍齋之孫, 韓參奉汝斗號睡軒之外曾孫也. 與吾家, 有世誼, 且聞其有學行. 故向者遺吏, 存問要見矣, 托病不來. 送其門徒五人, 作書, 仍送『五龍齋遺稿』及『睡軒遺稿』.

初五日, 冬至, 行望賀禮. 鍾城旬題, 畢考以送. 近邑儒生輩, 連日競來呈券, 并皆考送.

初九日, 會寧金載達便, 見一地書.

初十日, 會寧旬題, 考送.

十五日, 行望闕禮. 小雪後, 月色如洗, 夜登南門樓, 暢鬱.

十八日, 鏡城旬題, 考送.

十九日, 服藥畢. 鍾倅鏡判來見, 盖以明日公都會試官來會也.
會儒回見九天五地六地七地書.

二十日, 小雪, 卽公都會初場也. 平明設場, 詩題曰, "止子路宿,
見其二子"賦題曰, "以齊王猶反手"夜出榜, 賦壯元池泰潤, 詩
壯元趙鼎九也, 見八地書.

二十一日, 中場設場, 詩題曰, "遠近書疏, 莫不手答, 筆翰如流
未嘗壅滯"賦題曰, "或聽琴"夜出榜, 賦壯元白章顯, 詩壯元金
鍾慶也.

二十二日, 終場設場, 詩賦同題曰, "奉勅差往江南句當公事回"
夜出榜, 賦壯元崔晋天, 詩壯元崔㠆錫也. 見九地書.

二十三日, 公都會比較, 居接白日場合設, 詩賦同題曰, "一榜盡
賜及第"卽爲出榜. 詩初試孫慶熏, 賦初試崔晋天, 小學講初試
吳鍾翕, 白日場詩壯元柳烺, 賦壯元姜仁璜也.

二十四日, 鍾倅鏡判, 歸去. 自今日, 儒生居接於文會堂, 白日場
被選人二十員, 公都會比較人二十員及今秋監試入格人八員,
使之格外居接. 而或因實故歸去, 留在者, 爲三十六七人. 逐日
出詩賦題, 收券考給.

二十五日, 褒貶將校便, 付一地書, 製呈兵營正朝進箋文.

二十六日, 朝報便, 見十地書.

二十八日, 夜小雪. 南生大儀便, 見三地書.

二十九日, 往文會堂, 與諸儒, 文談半日, 仍登鎭北樓, 高敞可喜
也. 仍出東門, 往拜忠烈祠, 卽皇甫相金節齋遼東伯三賢, 妥侑
之祠, 而北儒曾陳疏請額, 未蒙允矣. 院規使武校, 掌院事, 可
駭也.

三十日, 接生呂維斌茂山人也, 得病不起, 慘矣慘矣. 題給朔布
白紙等屬, 自接中助給二石米, 兵營亦題給布木, 使之治喪.

十二月

十二月初一日, 行望闕禮.

初二日, 校侗便, 付二地書.

初四日, 吏吏張完國便, 見一玄書.

初五日, 近日, 腰痛氣眩之症, 甚苦. 故邀醫人韓國璜, 診脈命
藥.

初七日, 養士廳穀爲三百六十石, 而卽會外穀也. 付之鍾城, 春
散秋斂. 并取耗色落, 四十五石九斗, 以爲供士之資. 而再昨年,
自巡營, 發關北關, 還穀, 并令半留半分, 而該邑, 眩於擧行, 養
士穀, 亦入於分留之中. 故自昨秋耗穀, 只爲二十二石餘, 養士
之需, 太半不足. 昨年則只五日居接而止矣. 今年則求乞於兵營
及鍾城, 使之依例居接, 而悉陳事狀, 論報巡營, 請并分給矣.
果得許題, 故養士節目中, 添書委折, 原條目中, 可合矯捄者, 亦

略加增刪, 未知後來之人, 以爲如何也.

初十日, 朝報便見二玄書. 居接儒生, 罷接而歸. 通計十七抄等
劃, 各以紙筆墨, 分等施賞, 而送之. 近日來求草訣者甚多, 幷揮
灑以給.

十一日, 近得山鳥二雙. 頂紅如鶴, 毛斑如雉, 體小如雀, 身輕如
鷰, 性且善馴, 見人不避. 籠置座前, 亦足爲閑中忘機之資矣.

十四日, 問明年以中宮殿寶齡四旬, 稱慶陳賀云. 製呈兵營進箋
文二度陪箋文. 將校便付三地書, 朝報便, 又見三玄書. 因高嶺
僉使報狀, 聞北京兩通官先來, 人六名, 馬六匹, 渡江出來.

十五日, 行望闕禮. 殿最居上, 題目曰, 勸學獎武, 輿頌方蔚, 因
會寧府使報狀, 聞兩通官先來, 來入館. 所修狀達, 封發因付
四地書. 近日腰痛氣眩之症, 甚劇, 似是元氣備虛之致. 故向邀
醫人韓國贇, 胗脈命藥. 後求得草材於端川, 求得鹿茸於茂山,
求得人蔘於會寧, 自今日始服. 聞兩通官以下人一百十七名, 馬
四百五十二匹, 騾九匹, 撥車二十七箇, 渡江來入館所之報.

十七日, 聞烏喇次將, 先來, 人九名, 馬十八匹, 渡江來入館所之
報.

十八日, 因會寧倅報狀, 聞北京通官持來開市咨文. 給譯學曰,
"咨文, 出自禮部, 而俺等來時, 禮部胥班爲言, '旣是朝鮮國所
去者, 仍爲持去爲好'云云" 譯官傳于會寧倅, 會寧倅以咨文例,
自灣府出來, 而今此通官之賚來, 直送市邑, 有違格例. 翌日, 使
譯學, 還給通官, 則通官言內再無帶回之道云云. 故據實別修
狀達, 令廟堂稟旨分付, 仍付五地書. 聞次將以下人六十六名,

축 다 이 기

276

馬二百七十七匹, 騾一匹, 撥車二十五箇, 通官家丁之落後者
五十三名, 馬二百六十匹, 渡江來入館所之報. 各邑捧還時, 弄
奸之監色庫, 推治事, 列名發關於各邑.

十九日, 聞寧古塔, 將差博氏, 先來, 人十六名, 馬二十匹, 撥車
三箇. 渡江來入館所之報.

二十日, 朝報便, 見四亥書. 聞岳丈去月十六日, 喪出之報, 非
廓何言. 午後發監市, 行初昏. 大張威儀, 大吹大擂, 列炬如晝,
馳入會寧府, 盖欲誇耀彼人. 初昏入府, 已成前例也. 聞寧古
塔將差博氏以下諸人, 出來, 人一百二十八名, 馬四百五十一
匹, 騾二匹, 撥車十八箇. 市胡今已畢渡江, 而通計前後, 人
爲三百九十六名, 馬爲一千四百四十三匹, 騾十二匹, 撥車爲
七十一箇矣. 北京大通官則六品而名爲吉利通阿也. 次通官則
七品而名爲英芳也. 烏喇次將則名爲富克經阿也. 寧古塔將差,
則名爲淸安, 博氏則名爲龍安也. 夜宿滌愁軒, 是日, 行五十里.

二十一日, 修送胡人畢渡江狀達後, 因巡營關見禮部咨文. 由灣
府出來, 自禮曹謄送者, 前日通官賚來云者, 是何咨文也. 事極
怪訝. 問情報來之意, 發關于本邑.

二十二日, 本邑問情後, 報來而胡人言內前來者, 則必不書通官
之品秩名字, 而只有禁條, 渠所賚來者, 必不書禁條, 而只有品
秩名字云. 抑禮部之始送咨文也, 誤漏品秩名字. 追後覺得更書
品秩名字, 付送於通官來時耶. 事甚怪訝. 又修別狀達

二十四日. 小雪. 再問情後狀達, 今日始封發, 付六地書. 犯禁諸
人, 畧加推治.

二十五日, 行下馬宴.

二十六日, 公市塩交易.

二十七日, 公市, 犁口交易, 修進下馬宴狀達

二十八日, 公市, 牛隻分執烙印. 朝報便, 見六玄書.

二十九日, 公市, 牛隻交易. 夜主倅爲慰客懷, 設酒饌來話. 使妓
女輩, 擲樗蒲爲戲, 徹曉而罷.

正月

戊子正月初一日, 早起, 行望賀禮, 行上馬宴後, 開私市, 北虞侯
爲淸市觀光次, 來見.

初二日, 開私市, 修進上馬宴狀達.

初三日, 小雪, 開私市. 聞以茂山犯越罪人事, 巡使削職, 金台箕
殷爲其代云.

初四日, 開馬市, 上門樓, 從帳隙觀市, 人畜浩穰, 無甚壯觀. 而
胡兒之馳馬往來, 要售高價者, 頗可觀也.

初五日, 馬市畢, 北虞侯還歸. 朝報便, 見七玄書. 襃貶將校歸
見八玄書

初六日, 服藥畢. 寧古塔人撤歸.

初七日, 雪. 烏喇人撤歸, 邑隷有犯禁私買者, 故出坐門樓, 回示警衆.

初八日, 大國人兩通事以下, 盡爲撤, 向鍾城.

初十日, 夕, 小雪. 修進胡人撤歸狀達, 還住行營, 是日, 行五十里.

十一日, 入拜兵相.

十二日, 會寧陳祐永, 上京便, 付七地書.

十三日, 聞兩通官, 自鍾城到穩城之報, 朝報便, 見九玄書.

十五日, 夜月色正好, 而適患感, 不得踏橋,

十六日, 聞兩通官一行, 畢到慶源之報, 發慶源市邑行. 中火涪溪嘉節堂, 堂卽五龍齋及睡軒韓汝斗幷享之所也, 南大任家後也. 南生集諸生, 講學於其中, 書冊滿架, 衿紳齊整, 北關中卅見, 而且山水明麗, 樹木陰映, 閭里羅置, 亦北關中可居之地也. 夜宿古乾原. 是日, 行六十五里.

十七日, 修進胡人到慶源狀達. 午發, 暫憩安原鎭, 乘暮入慶源, 如入會寧之時. 主倅及差使員慶興倅, 來見. 是日, 行五十里.

十八日, 下馬宴後, 開公市. 大國人, 留館者, 只通官以下七十餘人, 而厚春胡人數千人, 朝來暮去, 日以爲常云. 狀達將校, 始回而備局回達, 以爲咨文之通官賫來, 有違格例, 只當嚴辭還退, 而登諸狀達, 還涉屑越. 兵使, 則請推朝家處置, 可謂持大體

也. 將校便, 見十玄一黃書.

十九日, 開私市. 出坐公廳, 從門隙觀市, 則人畜穰穰. 鬪鬨四起, 無異我國之場市也. 訓戎僉使, 來見而去, 慶源倅告歸.

二十日, 修進下馬宴狀達. 開私市.

二十一日, 小雪. 開私市, 別狀達將校回便, 見二黃書.

二十二日, 開馬市.

二十三日, 厚春胡人, 幷越去.

二十五日, 通官以下, 撤向穩城. 吉州旬題考送. 始服當歸地黃湯.

二十六日, 修進胡人撤歸狀達.

二十七日, 今日, 卽喪餘也, 客裡愴懷, 何可言. 午發, 宿古乾原. 是日, 行五十里.

二十八日, 中火涪溪倉舍, 夕入行營, 是日, 行六十里. 咨文事, 再度狀達, 回下, 而備局回達以爲今來咨文, 旣是前套, 則使之, 卽捧令槐院措辭於回咨中, 聞其事端, 當初問情, 極不分明, 兵使越捧三等云云.

二十九日, 入拜兵相, 問雨通官, 自穩城, 至鍾城之報.

二月

二月初一日, 行望闕禮.

初二日, 風寒. 狀達將校便, 付八地書.

初三日, 聞胡撤歸渡江之報.

初五日, 修進胡人撤歸狀達. 會寧倅, 送本邑居接儒生詩賦劵, 請考送, 故幷考送.

初七日, 同虞侯, 往遊松林寺. 寺距營下十許里, 在山谷中. 不過數間小刹, 而東臺怪石犖确, 奇松羅列, 可堪一觀也. 煮雉爲肴, 煎艾作羹, 竟日遊衍而歸, 愁鬱之餘, 一暢可喜.

初十日, 雪, 聞永興倅徐令伯綏作故於客館, 慘哉.

十二日, 連日大風, 飛沙走石, 而居人猶曰, "非大風也" 茂山胡生宗文便, 見三黃書.

十三日, 夜風靜月朗. 步上東門樓, 翫月, 轉上鎭北樓, 虞侯携來獅鶴等雜戲, 夜深而罷.

十四日, 終日雪.

十五日, 行望闕禮.

十六日, 兵相臨訪, 盖以明將發試邑行, 故設酒饌來餞也. 夕入拜兵相.

十七日, 發試邑行, 中火防垣, 哺入鍾城府, 副試本倅及參試鏡判及差備官高嶺僉使, 來見. 是日, 行七十里.

十八日, 小雪, 卽式年監試初場日也. 平明開門設場, 詩題曰, 又曰寵辱不驚考中上, 賦題曰, 君不知故人. 收劵爲六百三十二張. 盖以凶年之故, 赴擧儒生, 半減於昨年矣. 考劵幾畢, 夜穩宿.

十九日, 考劵畢.

二十日, 平明開門設場. 義題曰, "易義作事謀始, 疑題曰, 問爲學之序, 不可躐等, 而中庸首言天命, 大學首言明德何歟? 朱子曰, '天之賦於人物者, 謂之命, 人之有得於天, 而光明正大者, 謂之明德' 命與德有何分別, 而中庸大學, 相爲表裏者何歟. 收劵爲四百五張矣. 考劵幾畢.

二十一日, 朝出榜, 賦壯元石履雲, 詩壯元黃大憲, 疑壯元韓悏祖, 義壯元姜在璜. 會儒, 皆將急發京行云, 故付九地書.

二十二日, 同主倅鏡判往遊谷泉寺. 寺在邑南十里許山谷中, 無可觀而僧皆在家僧也. 僧妻僧子簇立觀光, 可笑. 余與主倅, 皆有重制, 不得聽樂. 而鏡判携來妓樂, 觀諸妓劍舞. 向夕, 還登雷天閣, 觀諸妓馳馬.

二十三日, 修送榜科作等文書.

二十六日, 發東堂試邑行, 主倅同行, 鏡判, 昨已先發矣. 中火永達, 馳入穩城, 到南門外, 邑吏告以先祖碑閣在於路傍云. 故下馬奉審, 制度堅緻, 丹碧輪奐而碑面添刻云, 戊子春八世孫來謙以北評事來, 移立建閣云. 主倅之誠意, 可感也. 仍步上南門樓, 小憩, 入處衙軒. 盖客館湫陋, 儒生數少, 故設場於衙中也. 主倅及鏡判來見. 是日, 行七十里.

二十七日, 終日雨雪. 淸明已經多日, 而四山皎然如嚴冬矣. 平明設場, 論題曰, "出見其二子" 疑題曰, 問孟子曰, '左右皆曰賢, 未可也, 諸大夫皆曰賢, 未可也, 國人皆曰賢, 然後察之, 見賢焉, 然後用之, 左右皆曰不可, 勿聽, 諸大夫皆曰不可, 勿聽, 國人皆不可, 然後察之, 見不可焉, 然後去之' 夫人之賢愚, 旣判於衆論之公, 則又必察之何歟. 收劵爲六十七張, 考劵畢. 柔遠僉使金命獜, 方上京云, 故付十地書.

二十八日, 平明設場, 賦題曰, 月出之光, 表題曰, 擬周群臣賀周公, 進無逸篇, 收劵爲八十六張, 考劵畢, 殷山金醫便, 見四黃書.

二十九日, 平明設場, 策題曰, 問三經四書云云. 收劵爲十八張, 考劵畢. 兵營便, 見五黃書.

三月

三月初一日, 自夜大雪, 朝始止. 行望闕禮. 早朝出榜, 賦壯元朴思謙也. 會儒便, 付一玄書. 鍾鏡兩倅先歸.

初二日, 又雪. 修送榜科作等文書. 訓戎僉使, 來見.

初三日, 早起治發. 離家九朔, 今始復路, 可謂浩然. 而二千餘里之程, 必難於今朔內抵京, 行役之勞, 不覺頭疼. 中火永達, 夕抵宿鍾城. 是日, 行七十里.

初四日, 終日雪, 冒雪發行. 中火防垣, 小憩高嶺. 風雪甚劇, 一
行凜烈, 主人煖酒煮肉, 以禦寒. 乘暮. 抵宿會寧府, 是日, 行
九十里. 臘月開市時, 以會寧前座首尹大殷, 自來作弊於市場
事, 先期捉囚事, 發關矣. 尹也知幾逃躱, 故連爲嚴關譏捕, 代
囚其子而終不現形, 又移囚其二子於鍾城, 而又不現形. 故向到
鍾城時, 又移囚其二子於吉州矣. 今聞尹也, 自知其畢竟難逭,
結項自斃云. 夫其罪狀, 不過開市時慮其爲弊, 限畢市, 不欲出
獄門也. 凡其同罪者, 皆不過十度棍十餘日囚獄而已, 至於尹
也, 則年近七十老病人也. 初未必棍治而春雉自恸, 先自逃躱,
屢月督現, 終不自現. 只待評事還朝之日者, 情狀可痛. 故必欲
捉得者也. 至於自斃之境, 誠是意慮所不到也. 渠雖至愚至迷,
病風喪性, 而猶有由我之歎, 不勝慘然也.

初五日, 終日大風. 初意今日欲往觀甹下鎭, 風日甚惡, 不得往
觀. 鎭卽古五國城也. 頗有古蹟, 景致, 亦可觀云, 而三到此邑,
終不得一翫, 其亦有數存耶. 只自瞻望流悵而已. 終日閉門閒
坐. 北虞侯歷路來見而去.

初六日, 風止. 早發, 玉妓昨冬, 來留於行營, 有若相依者, 然今
當闊別, 涕泣不忍辭. 余亦爲之悵涕. 中火古豐山, 登茂山嶺, 遇
暴風雪. 下嶺, 風氣稍溫和, 柳帶黃色, 野有畊夫, 已與六鎭有
異矣. 夜抵宿富寧, 是日, 行百二十里.

初七日, 早發. 中火輪城驛. 察訪前來相見而去. 行到中路, 遇黃
新恩晦瑛馬上呼新. 仍令導前, 馳入鏡城, 曾是久留之地, 而半
年重來, 怳如歸故鄉也. 是日, 行百里.

初八日, 今日喪餘也. 客裏愴懷, 不可言. 入拜兵相.

初九日, 兵相及主倅, 皆備酒饌來餞. 呈狀受由於兵營, 夜入拜
兵相.

初十日, 發行, 中火永康, 夕抵朱村, 日未申矣. 始欲於今行往訪
漁郞諸勝矣, 氷程方解, 治道極難云. 且難費日, 不得逶迤, 流
悵而來矣. 今聞長淵湖, 距此不十里而近, 因單騎往觀. 湖水瀰
滿山谷間. 長可十里, 廣可三里, 其深不測, 而淸可見底, 果勝
景也. 蓋魚郞有五湖勝景, 而長淵湖, 卽其一也. 夏秋之交, 荷
香襲鼻, 柳色纈眼, 又有八景臺, 勝槩云. 而今則湖水外無可觀
矣. 日暮, 歸宿舘舍, 是日, 行百十里.

十一日, 晩發, 歷鬼門關, 馳入明川府. 新倅吳顯文出見. 是日,
行六十日.

十二日, 夜小雨. 明吉兩邑白日場, 始欲於再明合設於吉州矣, 因
巡路相値, 今日移設於此邑. 詩題曰, 鶴鳴于九皐, 聲聞于天.
賦題曰, 女曰鷄鳴. 詩取金尙律等二十人, 賦取朴萬源等二十人.
設呼中宴, 賞以紙筆墨而罷. 主倅爲迎巡行, 發城津之行.

十三日, 早起, 將向七寶山之際, 雨雪交下, 雲霧四塞, 山中當尤
甚矣. 絶壁懸崖, 輿行三四十里, 決非冒雨可行之事. 故不得已,
又爲留宿, 名山一遊, 亦有魔障耶? 無主空館, 終日昏睡, 無聊
尤莫甚焉.

十四日, 細雨不止, 冒雨發行. 中火古站, 申時抵吉州, 入處鄕射
堂, 巡使先已入處衙軒故也. 入拜巡相, 竟夕侵夜, 穩話而罷.
是日, 行七十五里.

十五日, 行望闕禮. 巡相發向明川, 而余則適患寒感, 又爲留宿.

十六日, 發行. 始余聞吉州士人林宗七之行誼經學, 屢致意要見, 而終不來見矣. 行過白塔, 距其家不遠, 而行忙不得入見, 邀致於路傍小屋. 山野疏雅之態, 一見, 可知爲有道士也. 中火臨溟, 來此, 始見春畔方張. 早種之田, 麥苗或出, 向陽之山, 花蘂欲綻矣. 夕抵臨溟, 日未申矣. 卽令聚集船隻, 同主鎭將入海, 觀採生鰒文魚等魚, 暮歸宿. 鎭衙是日, 行九十里.

十七日, 踰摩天嶺, 氷雪方消, 泥濘甚苦矣. 中火磨谷驛, 夕宿端川邑. 主倅李用錫出見, 夜坐衛後飄然亭, 賞月. 是日, 行百十里.

十八日, 在會寧時, 主倅以幕下之無人, 要請留置洪君, 故許之. 而洪君爲送余, 到此落後. 八朔同苦之餘, 同來不同歸, 懷事黯然. 營吏以下營屬, 皆辭歸. 發行, 中火谷口驛, 邑吏摸進學士臺石刻題名, 而行忙不得往見. 歷北松亭, 宿利原縣, 主倅金祉垕出見. 是日, 行八十里.

十九日, 發行, 歷南松亭侍中臺, 中火居山驛, 夕踰大峴, 入北靑, 主倅韓兢裕出見. 日未暮矣, 卽出東門外, 觀井水, 水味甲於國中云. 滿酌三大椀, 飮之, 而腹中無頉, 若有踈滯之功矣. 洪原倅, 前來相見, 夜宿鍊武堂. 卽李石求爲兵使時所重建, 而宏麗敞豁, 亞於穩城之鎭邊樓矣. 是日, 行百里.

二十日, 發行, 踰雙浦嶺, 中火平浦驛. 歷方壺亭, 夕入洪原縣, 主倅隨來相見. 是日, 行九十五里.

二十一日, 發行, 暫憩咸原館, 踰咸關嶺. 中火德山驛, 夕馳入咸興府, 中軍來見, 而主倅脚病不得來見. 殷山金醫景成, 方留營中, 出來相見. 是日, 行九十五里.

二十二日, 往見主倅, 仍往雲田社本宮, 距邑十五里地. 卽太祖潛邸時舊基, 而上王時, 亦嘗駐御處也. 奉安四王, 及太祖位板, 四時享之, 內司別差守之. 殿內有太祖舊御笠子及笠飾雀羽弓矢橐鞬, 庭畔, 舊有手植松五株, 而三株, 無痕可尋, 二株, 自數年前不生葉, 枯幹獨立矣. 歸登至樂亭, 亭在城內正中. 閭里山水城郭郊野, 一擧目盡之, 可與練光亭齊名. 而但恨長橋不入眼界矣. 巡相之胤金上舍出見, 盛設酒饌以待之. 盖巡相先爲書報, 五時供饋, 極其豐腆, 賑行亦夥然矣. 夕歸旅次, 招見三百歲老人金虞宗者. 不識文字, 知覺不明, 不能詳知其年紀. 而自言今年爲三百六十七歲矣. 本濟州人, 而流寓到此, 已二百餘年, 何年遭兵亂於畿內, 被兵刃, 顚伏於積屍中, 十三日後始生云, 或是丙子胡亂耶, 或云适亂平定後, 陳賀時, 隨箋文出來, 而其時年已近百歲云, 未知信否. 而大抵咸興二百年前軍案中, 皆有金虞宗名字, 雇傭咸興人家, 已經七世云, 其謂三百年無疑, 咸興人皆云, 已自數三十年前自稱三百六十七歲云, 其迷劣可知也. 觀其人, 雙眸炯然如曙星, 能察秋毫, 頭髮柔軟如小兒狀貌, 精悍拳如鐵椎, 短小如十餘歲兒, 步捷如飛, 喫飯盡二器, 可謂平地神仙. 而但前事都不記得, 無遐壽之樂, 惜乎. 若能記名字, 談往事, 卽安期赤松, 何足羨耶. 世無眞仙, 而今余目見, 誠亦異矣. 古語云, "不貪夜識金銀氣" 此人亦以其迷劣無知之故, 天假之以年耶, 未可知也. 是日, 行三十里.

二十三日, 金上舍及中軍, 携酒肴出餞于樂民樓. 平朝發行, 中火定平. 良久, 主倅陪本宮衣襨而來, 霎見後, 夜宿草原館. 高山察訪鄭弼漢出見. 是日, 行八十五里.

二十四日, 馳入永興府. 龍興江長橋, 亞於萬歲橋矣. 主倅元永

獜出見, 偕登雙樂亭, 飮酒穩話, 回憶來時與徐伯綏遊燕之樂,
忽已作千古事, 自不禁浮世之感矣. 昔余西繡時, 殷山有張女寃
獄, 廿年滯囚, 故別單請酌處, 而見格於廟堂回啓. 其後, 余又
爲殷山倅, 屢度報營, 竟至勘配于此邑矣. 厥女, 今始聞余之來,
出迎於草原, 涕泣頌恩, 仍言"自到配日, 手績蠶絲, 分寸鳩聚,
三年, 始成二疋帛. 將欲上京報恩, 今此呈納云" 故責而却之,
則涕泣欲死, 可憐還可笑也. 是日行四十五里.

二十五日, 朝起, 將發之際, 雨勢大注, 午後始發. 初欲歷審本
宮及濬源殿, 亦不得透入. 艱抵高原郡, 止宿, 空官也. 是日, 行
四十里.

二十六日, 中火文川郡, 主倅尹師殷出見, 夕遇大風, 艱抵德源
郡, 止宿. 是日, 行八十五里.

二十七日, 主倅坐車, 仍又借得, 約以還京後還傳. 晚發, 歷元山
浦, 暫憩南山驛, 馳入釋王寺. 至洞口, 寺僧以肩輿迎之. 入斷俗
門·登岸閣·不二門·曹溪門·雪城東門, 入處迎賓館. 寺卽太祖大
王微時, 所建也. 太祖微時, 得異夢, 訪門于石窟中神僧無學, 告
以興王之兆, 遂卽其地建刹, 故列聖朝, 皆修葺之, 以至于今矣.
遍翫映月樓·仁智寮·興福樓·義重樓·御製碑閣·御筆碑閣, 及指
空·懶翁·無學影堂, 又肩輿, 行三里許, 訪內院菴, 菴在最深處,
幽靜可愛. 菴有西山四溟影堂, 又有圓通菴·香積菴·普門菴云,
而日暮路險, 不得往見. 聞圓通菴有詩僧號德菴, 邀來相見. 夜
坐, 各賦一律而睡. 是日, 行七十里.

二十八日, 昨日, 入內院菴. 時寺僧指示壁上題詩曰, 初春何許
過客題云. 詩曰, "堯日湯灾澤種桂, 現龍身大辟左右, 高祖兄弟
五世孫, 日入崦嵫飮喫處. 天地神谷物王得, 困來燒木或居內.

三樑四柱烈火然, 除却雙鉤兩日全. 同合幷削厥一口, 卓右珍重持壁還. 擊莽兩脚不雨電, 扶桑紅輪到洛北. 郡非諸邑鞭後起, 山下相逢忘急來. 東北山頭落孤鴈, 吾家無男婿生男" 凡十六句也. 余終夜解之, 始曷爲覺得, 卽破字十六字也. 釋王寺名, 一國無比, 內院菴·景羣峯, 良好而第四第五句, 則終不能解得, 其不及楊修遠矣, 姑書此以待後覺者. 中火高山驛, 冒雨, 踰鐵嶺, 山花盛開, 輝映, 澗水景致, 甚佳矣. 夕宿淮陽府, 主倅趙令忠植士成, 出見穩話. 自言明朝將發楓嶽行, 挽余欲同行. 而余辭以歸心如矢, 猶不無悵恨底意. 是日, 行百里. [入京後, 申上舍錫愚, 解第四句, 李斯文敏修解第五句.]

二十九日, 中火新安驛, 歷麥坂, 秣馬昌道驛, 夕宿金城縣, 空官也. 龜姪忽地相逢, 驚慰不可言. 盖意余入金剛, 前來相迎. 欲同行而余旣不入, 則人馬盤纏, 客地無可辦之道. 不得已率歸, 爲更擧之計. 是日, 行百里.

三十日, 中火金化縣, 亦空官也. 夕宿豐田驛. 是日, 行百里.

四月

四月初一日, 中火梁文驛. 夜宿松隅店. 是日, 行九十里.

初二日, 中火樓院店, 遇雨, 向夕冒雨入城. 是日, 行八十里. 凡十朔二百四十三日, 周行六千二百里.

북막일기

초판인쇄	2016년 2월 12일
초판발행	2016년 2월 22일
지은이	박래겸
옮긴이	조남권 박동욱
펴낸이	강성민
편집장	이은혜
편집	박세중 이두루 박은아 곽우정 차소영
편집보조	백설희
마케팅	정민호 이연실 정현민 김도윤 양서연
홍보	김희숙 김상만 한수진 이천희
독자모니터링	황치영
펴낸곳	(주)글항아리	출판등록 2009년 1월 19일 제406-2009-000002호
주소	10881 경기도 파주시 회동길 210
전자우편	bookpot@hanmail.net
전화번호	031-955-8891(마케팅) 031-955-8897(편집부)
팩스	031-955-2557
ISBN	978-89-6735-272-1 03900

글항아리는 (주)문학동네의 계열사입니다.

이 도서의 국립중앙도서관 출판예정도서목록(CIP)은 서지정보유통지원시스템 홈페이지
(http://seoji.nl.go.kr)와 국가자료공동목록시스템(http://www.nl.go.kr/kolisnet)에서
이용하실 수 있습니다. (CIP제어번호 : CIP2015032163)